AI 인격과 칸트

AI문고

인공지능 시대입니다. 기계가 인간의 인지를 대신하고, 사물이 인간을 통하지 않고 다른 사물과 직접 커뮤니케이션합니다. 이에 따른 인간 삶과 문명 변화를 정확히 이해 · 예측 · 대응하는 것은 이 시대 우리 모두의 과제입니다. AI문고는 인공지능 기술과 환경의 여러 주제를 10가지 키워드로 정리합니다. 관련 개념과 이론, 학계와 산업계의 쟁점, 우리 일상의 변화를 다룹니다. 인간과 기술의 현재, 미래를 세심히 분석합니다.

일러두기

- 인명, 작품명, 저서명, 개념어 등은 한글과 함께 괄호 안에 해당 국가의 원어를 병기했습니다.
- 외래어 표기는 현행 어문규정의 외래어표기법을 따랐습니다.
- 이 책은 필자의 논문 "인격에 대한 칸트의 관점과 인공지능"(≪철학≫, 한국철학회, 2023, pp.171-210)을 수정·보완하여 작성한 것입니다.
- 이 책에서 칸트 저작을 인용하는 경우에는 학술원판 전집(*Kant's gesammelte Schriften*, hrsg. Koniglich Preußischen Akademie der Wissenschaften, Berlin und Leibzig, 1902~)의 권수와 쪽수를 병기했습니다. 『순수이성비판』을 인용하는 경우에는 초판과 재판을 각각 'A'와 'B'로 표기하고 쪽수를 적었습니다. 그 밖에 이 책에서 인용하거나 참고한 국문 번역서는 각 장의 참고문헌에 제시했습니다.

처음이세요?

전문가세요?

지금, 큐알 찍으면

- AI 입문서 바로 선물
- 당신만의 필독서 추천
- 500권 요약본 공짜
- 오디오북 무료 사용

AI 인격과 칸트

박경남

대한민국, 서울, 커뮤니케이션북스, 2025

AI 인격과 칸트

지은이 박경남
펴낸이 박영률

초판 1쇄 펴낸날 2025년 3월 13일

커뮤니케이션북스(주)
출판 등록 2007년 8월 17일 제313-2007-000166호
02880 서울시 성북구 성북로 5-11
전화(02) 7474 001, 팩스(02) 736 5047
commbooks@commbooks.com
www.commbooks.com

ISBN 979-11-7307-611-4 03500

책값은 뒤표지에 표시되어 있습니다.

차례

AI 인격체의 가능성, 그리고 칸트

인공지능은 인간의 지능적 행위를 대신 수행할 수 있는 컴퓨터 기기나 소프트웨어, 사물 인터넷, 로봇 등을 포괄하는 개념이다. 제조업, 재활 치료, 법률 서비스, 운전, 가사 보조 등 삶의 다양한 영역의 과제를 인공지능이 인간 대신 처리하게 되면서, 인공지능에 인격을 부여하는 것이 가능한지에 대한 논의가 활발하게 이루어지고 있다. 가령 유럽 연합(EU) 의회는 2017년 인공지능 로봇이 자율적인 결정을 통해 행위할 수 있으며, 제3자들과 독립적으로 상호 작용하게 되는 경우 인공지능 로봇에 '전자 인격(electronic personhood)'을 부여하는 가능성을 검토하자는 결의안을 통과시킨 바 있다(European Parliament, 2017). 자연인이 아닌 인공지능 로봇에 인격의 지위를 부여하는 것의 가능성을 검토하자는 유럽 연합 의회의 제안은, 전자 인격에 대한 찬반 논쟁과 함께 인격의 성립 요건에 대한 적극적인 성찰을 촉발하는 계기가 되었다. 인공지능 시스템이나 로봇에 인격의 지위를 부여하는 것은 가능한 것일까.

인공지능에 인격의 지위를 부여하는 것을 고려하는 일차적인 이유는 인공지능이 인간의 개입이나 통제를 벗어나 야기할 수 있는 재산상의 피해에 대처하기 위한 법적 기틀을 마련해 나가기 위함이나, 이를 위해서는 권리나 책임이 귀속될 수 있는 법적 · 도덕적 주체의 지위를 인공지능에 부여하는 것이 이론적으로 가능한 일인지, 혹은 그것이 바람직한지에 대한 보다 근본적인 문제에 대한 검토 역시 필요할 것이다.

실제로 인공지능에 인격의 지위를 부여할 수 있는지의 문제와 관련하여 다양한 논쟁이 진행되고 있다. 인공지능에 모종의 인격적 지위를 부여하는 것에 찬성하는 이들은, 인공지능 기술이 발전함에 따라 인공지능이 인간의 통제나 개입 없이 다양한 과제를 해결해 나가는 사례가 증가하고 있다는 점, 그리고 그런 인공지능들이 가정, 병원, 학교, 법률 사무소 등 삶의 구체적인 영역에서 인간들과 상호 작용하는 양상이 보다 다양화되고 복잡화될 것이라는 점에 주목한다. 반면 인공지능에 인격을 부여하는 것에 반대하는 이들은 인공지능을 자율적 행위 능력을 가진 인격으로 인정할 경우, 인간에게 귀속되어야 할 법적 · 도덕적 책임을 인공지능에게 전가하는 일이 일어날 수 있다는 점과, 인공지능의 자율적 판단으로 인해 예측하지 못한 큰 위험이 발생할 수 있다는 점을 지적한다.

인공지능에 인격을 부여할 수 있는지에 대한 위와 같은 찬반 논쟁에서, 인격에 대한 칸트의 관점이 종종 인용된다. 인공지능이 인격의 지위를 가질 수 있는지의 문제와 관련해 찬성 측과 반대 측은 여러 상이한 주장을 제시하는 한편, 찬반 양측은 인격에 대한 칸트의 관점에 따르면 인공지능과 같은 인공 기계에는 인격이 부여될 수 없다는 해석을 종종 공통적으로 받아들인다. 그런 해석에 따르면, 인공지능의 문제 해결 능력은 결국 수리적 · 논리적 연산에 기반한 것으로서, 인간에게 귀속되는 통각적 자기의식과 스스로 목표와 규칙을 정립하여 행위하는 자율성을 결여한다. 따라서 칸트에게서 인격은 인공지능에 부여될 수 없으며, 자기의식뿐 아니라 도덕적 행위 귀책 능력을 의미하는 자율성을 갖춘 인간에게만 부여될 수 있다는 것이다.

인공지능에 인격의 지위를 부여하는 것에 반대하는 입장에서는 칸트 철학에 대한 그러한 해석을 인공지능 일반에 인격의 지위를 부여해서는 안 된다는 주장을 뒷받침하는 철학적 논거의 하나로 활용하는 반면, 인공지능에 인격의 지위를 부여하는 데 찬성하는 입장에서는 칸트 철학에 대한 그러한 해석을 극복해야 할 인간 중심주의적 편견을 보여 주는 한 사례로 활용한다.

이 책은 찬반 양측이 종종 공유하는 해당 해석의 한계를 지적하고, 인격에 대한 칸트의 관점이 인공지능에 인격을 부여할 수 있는지의 문제에 어떠한 시사점을 줄 수 있는지를 논의한다. 해당 해석은 현존하는 인공지능 및 가까운 시일 내에 개발될 것으로 생각되는 인공지능이 특정 분야의 문제 해결을 위해서만 활용될 수 있는 '약인공지능(weak AI)'이라는 점을 고려하면, 어느 정도 설득력이 있다. 그러나 인공지능에 인격을 부여할 수 있는지에 대한 논쟁이 종종 인간의 지능을 포함하여 인간의 심적 상태를 정보 처리 시스템으로 온전하게 구현할 수 있을 것으로 상상되는 '강인공지능(strong AI)'도 논의의 범위 안에 포함해 진행된다는 점을 고려하면, 해당 해석은 필자가 생각하기에 다음과 같은 지점에서 설득력을 잃는다.

칸트는 인격을 이성적 사유와 도덕적 행위의 가능성을 뒷받침하는 표상으로 제시할 뿐, 인격 표상이 적용될 수 있는 실제 존재자의 범위에 대한 객관적 지식을 주장하지 않는다. 칸트는 인격에 대한 객관적 지식이 성립될 수 있다는 것을 부정하므로, 인격에 대한 칸트의 관점은 인격적 존재자를 인간종의 범위 안으로 국한하는 인간 중심주의와는 거리가 멀며, 이성적 사유와 도덕적 행위를 수행할 수 있을 것으로 상상되는 강인공지능의 출현 가능성을 부정할 논거로 활용되기 어렵다.

이 책은 다음과 같이 논의를 진행한다. 1장에서는 AI는 한편으로 인간과의 유사성을 통해 정의하거나 다른 한편으로 합리성이라는 보다 추상적인 기준을 통해 정의할 수 있다는 점을 살펴본다. 그리고 AI를 정의하는 그 두 가지 방식 모두에서 AI 인격체에 대한 개념적 공간이 배제되지 않는다는 점에 대해 논의한다.

2장에서는 전자 인격에 대한 논의가 촉발된 배경을 설명하고, AI에 적용하고자 하는 인격체의 개념을 철학사적 관점에서 논의한다. 이를 통해 AI 인격체의 가능성은 AI에 법적 · 도덕적 주체의 지위를 부여할 수 있는지의 문제라는 점을 명료화한다. 3장에서는 AI 인격체의 가능성을 사실적 관점과 당위적 관점에서 고찰한다. AI가 인격의 지위를 가지는 것이 이론적으로 혹은 사실적으로 가능한지의 문제는 인공지능에 인격의 지위를 부여하는 것이 가치론적으로 바람직하며 정당화될 수 있는지의 문제와 구별되기 어렵다는 점에 대해 논의한다. 4장에서는 AI 인격체의 가능성을 긍정하는 주장들의 의의와 한계에 대해 논의한다. 전자 인격에 찬성하는 이들은 AI가 인간 설계자나 사용자의 개입 없이 자율적으로 판단하고 인간들과 구체적으로 상호 작용하고 있는 사례에 주목한다. 이들의 주장은 인격에 대한 인간 중심주의적 편견으로부터 벗어나 있으나, 도덕적 · 법적 책임을 실질적으로 질 수 없는 약인공지능에 인격의 지위를 부여하는 것을 종종 시도한다는 점에서 위험할 수 있다. 5장에서는 AI 인격체의 가능성을 부정하는 주장들의 의의와 한계에 대해 논의한다. 전자 인격의 가능성을 부정하는 이들은 인공지능이 자율적 행위 능력을 가진 인격으로 인정되는 경우, 인간에게 귀속되어야 할 법적 · 도덕적 책임을 인공지능에게 전가하는 일이 일어날 수 있다는 점과, 인공지능의 자율적인 판단으로 인해 예측하지 못한 큰 위험이 발생할 수 있다는 점을 올바르게 지적한다. 그러나 이들의 논변은 종종 인격에 대한 인간 중심주의적 편견에 기대어 있다.

6장에서는 전자 인격에 관련된 논쟁에서 인격에 대한 칸트의 관점이 인용되는 방식에 대해 검토한다. 보다 구체적으로 해당 논쟁에서 칸트의 통각 이론 및 자율성 개념이 논의되는 방식을 검토하고, 칸트 철학에 대한 그러한 해석이 적절하지 않다는 점에 대해 논의한다.

보다 구체적으로 7장에서는 칸트의 통각 이론에 비추어 볼 때, AI 인격체의 가능성은 자기의식에 대한 이론을 통해 논박되기 어렵다는 점에 대해 논의한다. 칸트의 통각 이론은 자기의식이 객관적으로 관찰되거나 측정될 수 없다고 주장하며, 이러한 관점에 따를 때 자기의식을 갖춘 AI 인격체가 출현할 가능성이 열린 채로 남아 있게 된다. 또한 8장에서는 칸트가 자유의 이념을 다루는 방식을 구체적으로 살펴봄으로써, AI 인격체의 가능성이 자율성에 대한 이론을 통해 논박되기 어렵다는 점에 대해 논의한다. 자유에 대한 칸트의 논의는 자기 스스로 정립한 목표와 법칙에 따라 행위할 수 있는 가능성이 생물학적 인간종에만 배타적으로 귀속되어야 할 이유는 없다는 점을 시사해 준다. 가령 이 우주 안에서 인간만이 자율적으로 행위하고 자신의 행위에 책임을 질 수 있는 유일한 존재자라는 가정은 증명되지 않은 하나의 형이상학적 가설에 불과하다. 9장에서는 인격에 대한 칸트의 관점이 종 주의가 아닌 로고스 중심주의로 특징지어져야 한다는 점에 대해 논의한다. 이성적 가치를 우선시하는 칸트적 로고스 중심주의는 우리가 인격 개념을 사용할 때 염두에 두고 있는 도덕적 · 법적 관심을 일관되게 설명할 수 있다. 그러한 칸트적 관점에 따르면, 이성적으로 사유하며 도덕적으로 행위할 수 있는 강인공지능이 출현하는 경우 해당 AI에 인격체의 지위를 부여하는 것이 가능하다. 10장에서는 인격에 대한 칸트의 로고스 중심주의적 접근은 약인공지능에 머물러 있는 AI를 윤리적 고려의 대상 안에 포함하는 논변 역시 제공할 수 있다는 점에 대해 논의한다. 로고스 중심주의에 따라서도, 인격적 주체들이 상호 도덕적 관계를 맺기 위해 필요한 성품을 해치지 않기 위해 우리는 가령 로봇을 폭력적으로 다루지 않기로 결정할 수 있다.

인간 중심주의적 편견으로부터 벗어나 있으며, 도덕적 · 법적 책임을 귀속할 수 있는 인격체에 대한 일관된 설명을 칸트 사상에서 찾아볼 수 있으나, 인격에 대한 칸트의 관점은 또한 AI 인격체가 반드시 출현할 것이라는 확언도 될 수 없다. 칸트는 인격을 이성적 사유와 도덕적 행위의 가능성을 뒷받침하는 표상으로 제시할 뿐, 인격체가 성립되기 위해 경험적으로 갖춰야 할 객관적인 속성이 무엇인지 규정하지는 않는다. 칸트는 우리의 자기의식이나 자유의 이념이 객관적 지식의 대상이 될 수 없다는 것을 주장하기 때문에, 인격에 대한 칸트적 관점에 따르면 AI 인격체의 가능성은 확정적으로 긍정되는 것이라기보다는 하나의 형이상학적 가설로 남아 있게 된다.

이성적 사유와 도덕적 행위를 수행할 수 있을 것으로 상상되는 강인공지능이 아닌, 특정 분야의 문제 해결에만 활용할 수 있는 현존하는 약인공지능은 칸트적 의미에서 인격적 주체로 여겨질 수 없다. 자신의 행위에 대해 도덕적 · 법적 책임을 질 수 없는 인공지능에 모종의 인격적 지위를 부여하는 시도는 윤리적으로 중대한 결정의 책임을 인간이 아닌 기계에 잘못 전가하는 계기가 될 수 있어 바람직하지 않다. 인공지능의 기술이 고도화됨에 따라 인공지능을 설계, 유통, 사용하는 인간들이 도덕적 · 법적 주체로서 짊어져야 할 책임 또한 중대하는 것으로 보는 것이 바람직할 것이다.

참고문헌

European Parliament(2017). European parliament resolution of 16 February 2017 with recommendations to the commission on civil law rules on robotics(2015/2103(INL)). *EUR-Lex*, https://eur-lex.europa.eu/legal-content/EN/TXT/?uri=CELEX%3A52017IP0051

01

AI를 정의하는 두 가지 방식

인공지능은 한편으로 인간 지능과의 유사성을 통해 정의하거나 다른 한편으로 합리성이라는 보다 추상적인 기준을 통해 정의할 수 있다. AI를 정의하는 두 가지 방식 모두 AI 인격체에 대한 개념적 공간과 양립 가능하다.

AI와 1인 창업?

인공지능이 인격의 지위를 가질 수 있는가의 문제에 접근하기 위해 인공지능의 정의를 먼저 살펴볼 필요가 있다. 인공지능은 한편으로 인간 지능과의 유사성을 통해 정의되거나 다른 한편으로 합리성이라는 보다 추상적인 기준을 통해 정의될 수 있다. 이 장에서는 AI를 정의하는 그와 같은 두 가지 방식을 살펴보고, 그 두 가지 방식 모두에서 AI 인격체에 대한 개념적 공간이 배제되지 않는다는 점에 대해 논의한다.

인간 지능과의 유사성에 기반한 정의

인공지능을 정의하는 첫 번째 방식에 따르면, 인공 기계나 프로그램은 인간 지능이 보여 주는 문제 해결 능력을 드러내는 한에서 지능적 존재자로 여겨질 수 있다. 가령 인공지능이라는 용어를 1956년 처음 도입한 존 매카시(John McCarthy)에 따르면 인공지능 개발의 목표는 인간의 지능적 행위를 수행할 수 있는 기계를 만드는 것에 초점이 맞추어져 있다. 이와 비슷하게 지능 개념을 인간의 지능을 기준으로 정의하는 입장(Boden, 2016; Walmsley, 2012)에 따르면, 인공지능 시스템과 로봇 등에 대한 연구의 핵심은 인간의 "지능, 사유, 인지, 마음" 등을 가진 기계를 개발할 수 있는지에 놓여 있다

(Walmsley, 2012: 3).

인공지능을 정의하는 이러한 첫 번째 방식에서, 인공 기계나 프로그램이 모방해야 할 인간의 지능은 다시금 인간의 내적 사고 과정의 측면에서 접근되거나, 인간의 외적 행동의 측면에서 접근될 수 있다(Russell & Norvig, 2021:4-6).

인간 사고에 대한 내적 관찰

인간의 내적 사고 과정을 이해하기 위해서는 가령 개인이 자신의 사고 과정을 내적으로 관찰하는 내성법(introspection)을 시도할 수 있다. 그러나 인간의 의식은 물리적 사물과 달리 객관적으로 관찰될 수 있는 대상이 아니라는 점에서, 내성법을 인공지능 연구 일반에 적용하는 데는 많은 어려움이 있다. 인간 의식이 물리적 크기나 형태 등과 같은 객관적 속성을 지니는 것으로 관찰되지 않는다는 점을 고려할 때, 우리가 내성을 통해 인간 의식이나 사고 과정에 대한 어떤 객관적 속성을 파악할 수 있는 것인지 불분명하다. 더 나아가 한 개인의 의식과 사고 과정에 대한 내적 관찰에 당사자 이외의 제3자가 직접 접근할 수 없다는 점은, 내성에 기반한 관찰과 기술이 개인의 주관적 편견이나 특수한 감정 상태의 왜곡으로부터 벗어나 있는 것인지 파악하기 어렵게 만든다. 요컨대 인공지능을 인간지능과의 유사성을 통해 정의하는 것이 가능하다 할지라도, 인공 기계나 프로그램이 모방할 수 있는 형태로 인간 지능의 특성을 파악하는 과제는 내성법을 통해서는 달성되기 어렵다.

인간 행위에 대한 외적 관찰

인공지능을 인간지능과의 유사성을 통해 정의하는 방식을 따를 때, 인공 지능이 모방하고 구현해야 할 지능은 인간 지능이 보여 주는 문제 해결 능력이 기준이 된다. 그런데 앞서 살펴본 대로, 개인의 의식 및 사고 과정에 대한 당사자 자신의 내적인 관찰은 인간 지능에 대한 객관적인 규정을 제시하는 것으로 생각되기 어렵다. 따라서 인간 사고에 대한 내적인 관찰보다는 외적으로 관찰 가능한 인간의 행위에 초점을 맞추어 인간 지능의 특성을 파악하고자 하는 입장이 있다. 가령 앨런 튜링(Alan Turing)은 인간 지능에 대한 행동주의적 해석을 제시한 것으로 유명한데, 그에 따르면 인간이 발화하는 방식으로 인간과 의사소통할 수 있는 인공지능 기기나 프로그램은 지능적인 존재로 보아야 한다. 이러한 관점에서 튜링 테스트(Turing Test)라 불리게 된 유명한 사고 실험이 그의 논문 “계산 기계와 지능(Computing Machinery and Intelligence)”(Turing, 1950)에서 제시된 바 있다. 해당 사고 실험에서는 한 사람이 질문을 타이핑하고, 해당 질문에 컴퓨터와 다른 인간이 곧이어 답변을 제시하는 상황을 가정한다. 만일 질문을 제시한 사람이 자신에게 주어진 두 개의 답변 중 어느 것이 컴퓨터에 의해 제시된 것인지 구별할 수 없다면, 해당 컴퓨터는 튜링 테스트를 통과해 일종의 지능을 가진 존재자로 여겨져야 한다는 것이다. 인간의 지능적인 발화를 모방할 수 있는 인공지능 컴퓨터는 특히 자연어 처리(natural language processing) 능력을 갖추어야 할 것이다. 즉, 인간의 지능적인 발화를 성공적으로 모방하는 인공지능 컴퓨터는 인간이 사용하는 일상적인 언어로 인간과 성공적으로 의사소통할 수 있어야 한다.

내성이 아닌 방식으로 인간 지능의 특성을 파악하고 그러한 특성을 인공적으로 구현하고자 하는 시도는 가령 이세돌과의 대국에서 4 대 1로 승리한 인공지능 프로그램 알파고 리(AlphaGo Lee)에서도 발견된다. 알파고 리는 인간 두뇌의 신경망에서 일어나는 정보 처리 방식을 모방해 만든 딥 러닝(deep learning) 프로그램에 기초하고 있다. 딥 러닝 프로그램을 구성하는 심화 신경망은 여러 개의 입력값과 출력값 사이의 함수 관계로 이루어져 있는데, 이는 다수의 뉴런에서 받아들여진 신호가 하나의 뉴런으로 모여 새로운 신경 신호로 전달되는 두뇌에서의 학습 과정을 모방한 것으로 알려져 있다.

합리성이라는 보다 추상적인 기준

인공 지능의 연구 과제를 인간 지능에 대한 모방의 관점에서 특징짓는 입장과 달리, 인공지능이 구현해야 할 지능의 특성이 반드시 인간 지능과의 유사성을 통해 규정될 필요는 없다고 주장하는 입장이 있다. 이러한 입장에 따르면 인간의 사고 과정과 동일하거나 유사하지 않더라도, 지능 일반의 특성을 반영하는 사고와 행동이 가능하다. 마치 비행기 설계를 위해 특정 새의 생물학적 특징을 그대로 모방할 필요는 없는 것과 마찬가지로, 인공지능이 인간의 지능적 행위를 대신 수행하기 위해서 인간의 사고방식이나 인간 두뇌의 정보 처리 방식을 그대로 따를 필요는 없다는 것이다. 이러한 관점을 취하는 이들은 인공지능을 인간 지능과의 유사성보다는 합리성(rationality)이라는 보다 추상적인 기준을 통해 정의하는 것을 선호한다. 가령 인공지능 기기나 프로그램이 인간의 직접적 개입 없이 자율적으로 작동하되, 환경과 상황의 변화를 감지하고 그러한 변화에 적절하게 적응할 수 있을 뿐 아니라, 바람직한 목표를 설정하고 장기간 일관된 행동 방식을 유지함으로써 그러한 목표를 추구할 수 있다면, 그러한 인공지능은 합리적으로 사고하고 행위하는 존재자로 여겨질 수 있다는 것이다(Russell & Norvig, 2021: 7-8).

인공지능을 정의하는 두 가지 방식과 AI 인격체의 가능성

인공지능을 정의하는 두 번째 방식과 관련해 지능의 특성이 반드시 인간 지능과의 유사성을 통해 이해될 필요가 없다는 점은, 생물학적 인간종 이외에 인공지능에도 인격의 지위를 부여하는 가능성에 대한 논의가 개념적으로 가능하다는 점을 시사한다. 왜냐하면 합리적으로 사고하고 바람직한 목표를 설정하며 그러한 목표를 실현하기 위해 환경적 변화에 적절히 대응할 뿐 아니라 장기간 일관된 행동 방식을 유지할 수 있는 인공지능에 대한 개념적 논의가 가능하다면, 그러한 인공지능은 자신의 행위에 책임을 질 수 있는 법적 · 도덕적 주체로서의 사회적 역할 또한 수행할 수 있을 것으로 기대될 것이기 때문이다. 더 나아가 지능의 특성을 인간 지능과의 유사성을 통해 이해하고자 하는 방식에서도 인공지능에 인격의 지위를 부여하는 가능성이 원천적으로 배제되지 않는다. 만일 인공지능이 지능적인 인간과 유사하거나 동일한 방식으로 판단하고 행동하는 것을 모방할 수 있다면, 그렇게 구현된 인공지능이 인간과 유사하거나 동일한 방식으로 자신의 행위에 대한 책임을 자기 자신에게 귀속할 수 있을 것으로 기대될 것이기 때문이다.

참고문헌

Boden, M. A.(2016). *Artificial intelligence: A very short introduction*. Oxford: Oxford University Press.

Russell, S. & Norvig, P.(2020). *Artificial intelligence: A modern approach*(4th Edition). Pearson Educations, Inc.. 류광 옮김(2021). 『인공지능: 현대적 접근방식 1·2』. 제이펍.

Turing, A.(1950). Computing Machinery and Intelligence. *Mind*, 59, pp.433-460.

Walmsley, J.(2012). *Mind and machine*. London: Palgrave MacMillan.

02
인격과 전자 인격

전자 인격에 대한 찬반 의견을 간단히 살펴보고, AI에 적용하고자 하는 인격의 개념을 철학사적 관점에서 논의한다. 이를 통해 AI 인격체의 가능성은 AI에 법적 · 도덕적 주체의 지위를 부여할 수 있는지의 문제라는 점을 명료화한다.

AI와 MBTI?

전자 인격에 대한 찬반 의견

앞서 살펴본 대로 인공지능은 인간의 지능적인 행위를 대신 수행할 수 있는 컴퓨터 시스템이나 로봇을 의미한다. 운전, 가사 보조, 제조, 의료, 법률 등 다양한 영역의 과제를 인공지능이 인간 대신 수행하게 되면서, 인공지능에 모종의 인격적 지위를 부여할 수 있을지에 대한 찬반 논의가 활발히 이루어지고 있다. 예를 들어 제이컵 터너(Jacob Turner)는 인공지능에 인간의 개입이나 감시 없이 주요 결정을 내리고 그에 기반하여 행위할 수 있는 권한을 부여하는 방안을 긍정적으로 검토하며(Turner, 2019: 182), 신상규 역시 머신 러닝(machine learning) 기술이 탑재되어 인간의 개입 없이도 스스로 알고리즘을 변화시킬 수 있는 인공지능은 모종의 "법적 주체로서 권리나 책임을 부여"(신상규, 2017: 266)받는 것이 가능할 것이라고 본다. 비슷한 맥락에서 정대현은 "인간을 섬기는 도구적 인공 지능에서 인간과 공생하는 자율적 인공지능"(정대현, 2017: 190)이 출현하게 되는 경우, 인간에게서처럼 그러한 인공지능에게도 "돌봄, 상처 치유, 상호 주체성의 덕목을 수행"(정대현, 2017: 209)할 것을 기대할 수 있어야 한다고 주장한다.

반면 조안나 브라이슨(Joanna J. Bryson) 등은 인간이 자신의 법적·도덕적 책임을 회피하기 위한 수단으로 전자 인격 개념을 남용할 가능성이 있다는 점을 고려할 때, 인공지능 시스템이나 로봇은 단순히 인간이 설정한 목적을 실현하기 위해 사용되는 도구의 지위를 가지는 것이 바람직하다고 주장한다(Bryson et al., 2017: 285-287). 국내 연구자 중에서는 고인석이 "스스로 목표를 변경할 수 있다는 의미의 자율성을 지닌 인공지능이 인간을 대행하도록 하는 경우, 예측 불가능하고 심각한 위험이 발생할 수 있다"(고인석, 2017: 180)는 점을 들어 인공지능 시스템이나 로봇 등에 자신의 의사와 행동을 스스로 결정하는 권리를 귀속하는 데 반대한다.

철학사에서 논의된 인격 개념

전자 인격에 대한 찬반 논쟁의 구체적인 양상은 4장과 5장에 걸쳐 보다 자세히 논의할 것이다. 그보다 먼저 전자 인격의 가능성과 관련한 찬반 양측의 상이한 주장을 올바르게 평가하기 위해서는 인격 개념의 의미를 철학사적 관점에서 보다 명료하게 논의할 필요가 있다.

참고로 철학사에서 인격에 대한 다양한 논의가 제시되어 왔던 만큼, 인격에 대한 단일하고 보편적인 정의가 존재한다는 가정으로부터 인공지능에 대한 인격 개념의

적용 가능성의 문제를 접근하기는 어렵다. 가령 아멜리 로티(Amelie O. Rorty)는 철학사에서 제시되어 온 다양한 인격 개념이 중요한 지점에서 불연속적이며 인격 개념에는 통상 서로 긴장 관계에 있는 상이한 규정이 함께 묶여 있어, 인격 개념에 대한 유일한 정의를 제시하는 것이 불가능하다는 점을 지적한다(Rorty, 2001: 21-22). 바르토시 브로제크(Bartosz Brożek) 역시 인격 개념이 "법적 담론에서 기술적 장치의 역할"을 할 뿐 아니라 "서로 다른 철학적 의미"(Brożek, 2017: 12) 및 "종종 상호 양립할 수 없는 함축"(Brożek, 2017: 13)과 결합되어 있어, "인격에 대한 하나의 새로운, 공통적으로 받아들여질 수 있는 정의를 제공하려는 시도는 실패할 운명"(Brożek, 2017: 12)에 처해 있다고 진단한다.

가령 아니키우스 보에티우스(Anicius M. S. Boethius)가 인격을 "이성적 본성을 가진 개별 실체"(Boethius, 1918: 85; Teichman, 1985: 175에서 재인용)로 정의한 이래, 고트프리트 라이프니츠(Gottfried W. Leibniz) 역시 한 개인 안에서 완벽하게 결합되는 과거, 현재, 미래에서 성립하는 실체의 실제적 동일성 개념을 통해 설명한 바 있다(Leibniz, 1996: 114). 라이프니츠에 따르면, 한 개인은 과거로부터 현재까지 다양한 기억과 심적 상태를 담지하는 실체로서 동일하게 남아 있는 것으로 인식된다. 이러한 관점에 따르면, 한 개인이 과거에 겪었던 경험은 현재 자신이 지니고 있는 생각과 성격 등에 흔적을 남겨 영향을 미치고 있는 것으로 생각될 수 있다.

그러나 라이프니츠는 과거와 현재, 그리고 미래의 완벽한 결합이 한 개인 안에서 어떻게 이루어질 수 있는지, 혹은 그러한 완벽한 결합을 가능하게 하는 것으로서 전제되는 형이상학적 실체 개념을 어떻게 정당화할 수 있는지에 대해서 구체적으로 설명하지 않는다. 라이프니츠는 서로 다른 시간에 걸쳐 동일하게 남아 있는 인격체의 가능성을 설명하기 위해 도입하는 실체적 동일성에 대해 초자연적인 신의 자비에 호소하는 것 이외에 별다른 설명을 제시하지 않는다.

반면 경험주의 전통의 대표적인 철학자 존 로크(John Locke)는 인격이 형이상학적 실체 개념보다는, 기억과 같은 구체적인 심리 상태 안에서 발견되는 의식적 동일성에서 성립한다고 보았다. 이러한 관점에 따르면, 인격은 심적 상태의 경험적인 연속성에 의존하는 것으로서, 한 개인이 자신의 생각이나 행위를 기억하고 회상할 수 있는 만큼 확장되는 것이다. 로크는 왕자의 심적 상태가 구두 수선공의 몸에 옮겨진 경우를 상상해 볼 것을 제안함으로써, 인격이 특히 기억의 연속성의 관점에서 이해되어야 한다는 것을 주장한다. 한 개인이 구두 수선공의 몸을 가졌더라도, 그가 왕자로서 과거에 행했던 행동과 사고 내용을 기억하는 한에서, 그 사람은 왕자의 인격을 동일하게 유지하고 있는 것으로 보아야 한다는 것이다. 인격의 동일성이 기억과 같은 경험적인 심적 상태의 연속성에서 성립한다는 점에 대해 로크는 다음과 같이 말한다. "이 의식이 어떤 과거의 행동이나 생각을 향해 과거로 확대될 수 있는 만큼 멀리 그 **인격**의 동일성은 도달한다. 당시 있었던 것은 지금과 같은 자아이고, 그 행동을 한 것은 지금 그것을 성찰하는 이 현재의 **자아**와 같은 **자아**이다"(Locke, 2014: 487).

그러나 인격이 기억과 같은 심적 상태의 연속성에서 성립한다고 보는 로크의 경험주의적 관점에도 다음과 같은 난점이 존재한다. 한 개인이 기억할 수 있는 과거의 경험과 사고 내용은 전체 삶의 내용 중 극히 일부에 불과하다. 우리 각자가 자신의 삶에 대해 간직하는 구체적인 기억은 간헐적이고 우연적인 반면, 우리는 인격이라는 개념을 통해 우리 자신의 보다 근본적인 동일성 내지 연속성에 대해 사유하고자 할 것이다.

이마누엘 칸트(Immanuel Kant)는 우리의 경험에 객관적으로 주어지지 않는 영혼적 실체의 실재성이나, 기억과 같은 심적 상태의 우연적 연속성에 호소하지 않는 방식으로 인격 표상에 접근하고자 했다. 칸트에 따르면 인격은 이성적 사유와 도덕적 행위의 가능성을 설명하기 위해 전제되어야 하는 하나의 형식적 표상이다. 이러한 관점에 따르면 인격은, 서로 다른 시간에 걸쳐 자기의 동일성에 대해 의식할 수 있는 능력뿐 아니라, 자기 자신에게 처방하는 법칙에 따라 행위할 수 있는 자유의 능력을 가진 이성적 존재자에게 귀속된다(6:223).

인격 개념의 도덕적·법적 함축

철학사에서 인격의 실제성 및 동일성에 대해 위와 같이 상호 양립할 수 없는 다양한 방식들이 논의되어 온 측면이 있다. 그러나 인격 개념에 접근하는 다양한 방식들은 대체로 어떤 대상의 법적 · 도덕적 지위 규정의 문제에 관심을 가지고 있었다는 공통점을 보여 준다. 라이프니츠가 인격을 형이상학적인 실체적 동일성으로 설명하는 방식, 로크가 인격을 기억과 같은 심리적 연속성의 관점에서 설명하는 방식, 그리고 칸트가 인격을 이성적 사유와 도덕적 행위의 가능 조건으로 전제되는 표상으로 제시하는 방식은 모두 서로 다른 시간에 걸쳐 동일한 행위자로 남아 있으면서 자신의 행위에 대해 책임을 질 수 있는 도덕적이고 법적인 주체 개념을 명료화하는 문제와 긴밀하게 관련되어 있다. 가령 로크는 인격을 심리적인 연속성의 관점에서 설명하는 동시에, 인격이 법적인 의무와 권리를 가질 수 있는 능력에서 성립한다고 주장하며(Locke, 1975: 346), 칸트 역시 동물이나 노예가 아닌 자신의 행위를 자유롭게 결정할 수 있는 인격체들 사이에서만 도덕적이고 법적인 관계가 성립될 수 있다는 점을 지적한다(6:241).

철학사에 인격 개념이 법적 · 도덕적 주체의 지위 규정의 관점에서 논의되어 왔다는 점은 해리 프랭크퍼트(Harry G. Frankfurt)의 다음과 같은 지적과 또한 잘 조화된다. 우리가 인격 개념을 사용할 때 관심을 기울이는 바는 "우리 종의 구성원을 다른 종의 구성원으로부터 구별하는 것"에 있지 않고, 따라서 인격은 "필연적으로 특정 종에 국한된 속성"의 관점에서 이해되어서는 안 된다(Frankfurt, 1971: 6). 이러한 관점에 따르면, 우리가 대체로 인간만을 인격으로 간주한다는 것이 사실이기는 하지만, "새로운 혹은 심지어 익숙한 비인간종의 구성원이 인격이어야 한다는 것이 개념적으로 가능하다."(Frankfurt, 1971: 6)

철학사에서 인격 개념은 단순히 인간종을 생물학적으로 분류하는 맥락에서가 아니라 어떤 대상의 법적 · 도덕적 지위 규정과 관련해 논의되어 왔다는 점에서, 인공지능에 인격의 지위를 부여할 수 있는지의 문제는 인공지능이 권리나 책임이 귀속될 수 있는 법적 · 도덕적 주체의 지위를 인공지능에 부여하는 것이 이론적으로 가능한 일인지, 혹은 그것이 바람직한지에 대한 문제가 된다.

참고문헌

고인석(2017). 인공지능이 자율성을 가진 존재일 수 있는가?. ≪철학≫, 163-187쪽.

신상규(2017). 인공지능은 자율적 도덕행위자일 수 있는가?. ≪철학≫, 265-296쪽.

정대현(2017). 특이점 인문학-특이점 로봇은 인간사회의 성원이다. ≪철학≫, 189-216쪽.

Boethius, A. M. S.(1918). *The theological tractates*. H. F. Steward(Trans.). London: Heinemann.

Brożek, B.(2017). The troublesome 'Person'. In V. A. J. Kurki & T. Pietrzykowski(Eds.), *Legal Personhood: Animals, Artificial Intelligence and the Unborn*(pp.3-14). Cham: Springer.

Bryson, J. J., et al.(2017). Of, for, and by the people: The legal lacuna of synthetic persons. *Artificial Intelligence and Law, 25*(3), pp.273-291.

Frankfurt, H. G.(1971). Freedom of the will and the concept of a person. *The Journal of Philosophy, 68*(1), pp.5-20.

Kant, I.(1797). *Die Metaphysik der Sitten.* In *Kant's gesammelte Schriften.* hrsg. Königlich Preu ß ischen Akademie der Wissenschaften, Berlin und Leibzig, 1902~, Band 6. 이충진 · 김수배 옮김(2018). 『도덕형이상학』. 한길사.

Leibniz, G. W.(1996). *New essays on human understanding.* P. Remnant & J. Bennett(Trans. & Eds.). Cambridge: Cambridge University Press.

Locke, J.(1975). *An essay concerning human understanding.* P. H. Nidditch(Ed.). Oxford: Oxford University Press. 정병훈 외 옮김(2014). 『인간지성론』. 한길사.

Rorty, A. O.(2001). Persons and personae. In C. Gill(Ed.), *The Person and the Human Mind: Issues in Ancient and Modern Philosophy*(pp.21-38). Oxford: Clarendon Press.

Teichman, J.(1985). The definition of person. *Philosophy, 60*(232), pp.175-185.

Turner, J. R.(2019). *Robot rules: Regulating artificial intelligence.* London: Palgrave Macmillan.

03
사실적 관점과 당위적 관점

AI 인격체의 가능성을 사실적 관점과 당위적 관점에서 고찰한다. AI가 인격의 지위를 가지는 것이 이론적으로 혹은 사실적으로 가능한지의 문제는 인공지능에 인격의 지위를 부여하는 것이 가치론적으로 바람직하며 정당화될 수 있는지의 문제와 구별하기 어렵다는 점을 논의한다.

AI와 난임 극복?

사실과 당위의 구분

'인공지능에 인격의 지위를 부여할 수 있는가'의 문제는 인공지능에 인격의 지위를 부여하는 것이 이론적 관점에서 보았을 때 가능한지의 문제와 인공지능에 인격의 지위를 부여하는 것이 가치론적 관점에서 보았을 때 정당한지의 문제로 나누어 살펴볼 수 있다.

이러한 구분은 데이비드 흄(David Hume)이 『인간 본성론』에서 '해야 한다(ought)'라는 술어를 포함하는 주장이 '이다(is)'라는 계사를 포함하는 명제로부터 도출될 수 없다고 주장한 데서 비롯된다(Hume, 2021: 507-508). 흄에 따르면 전통적인 도덕 이론들은 단순히 '이다' 혹은 '아니다'라는 계사를 포함하는 사실 명제들로부터, 무엇을 '해야 한다' 혹은 '해서는 안 된다'고 주장하는 당위 명제들을 도출하는 오류를 범하고 있다. 관찰 가능한 사실들을 단순히 기술하는 명제들로부터, 옳고 그름과 관련된 도덕적 가치를 규정하는 규범적인 판단을 도출할 수 없다는 것이다.

로봇의 권리 귀속에 대한 건켈의 논의

데이비드 건켈(David J. Gunkel)은 흄이 위와 같이 제시한 사실과 당위의 구분에 기초해서, 인공지능의 권리 귀속 문제를 "로봇이 권리를 가질 수 있는가(Can robots have rights)?"의 문제와 "로봇이 권리를 가져야 하는가(Should robots have rights?)"의 문제로 나누어 살펴본다(Gunkel, 2018: 88). 전자의 질문은 인공지능의 실제 능력이나 속성의 측면에서, 인공지능이 권리를 가질 수 있다는 것이 사실인지에 대한 문제를 다루는 반면, 후자의 질문은 인공지능이 권리를 가지는 것으로 생각하는 것이 바람직하며 마땅한지에 대한 가치 혹은 의무와 관련된 문제를 다룬다.

각각의 질문에 긍정 혹은 부정으로 답변하는 것이 가능하다는 점을 고려하여, 건켈은 로봇이 권리를 가질 수 있다는 진술(S1) 및 로봇이 권리를 가져야 한다는 진술(S2)이 조합되는 네 가지 경우를 다음과 같이 검토한다.

!S1 !S2 "로봇은 권리를 가질 수 없다. 그러므로 로봇은 권리를 가져서는 안 된다."

S1 S2 "로봇은 권리를 가질 수 있다. 그러므로 로봇은 권리를 가져야 한다."

S1 !S2 "비록 로봇이 권리를 가질 수 있다 하더라도, 로봇은 권리를 가져서는 안 된다."

!S1 S2 "비록 로봇이 권리를 가질 수 없다 하더라도, 로봇은

권리를 가져야 한다."(Gunkel, 2018: 89)

먼저 인공지능 로봇이 권리를 가질 수 없기 때문에 인공지능 로봇이 권리를 가져서는 안 된다고 주장하는 첫 번째 입장은, 과학 기술이 인간의 목적을 실현하기 위해 사용되는 도구에 불과하다는 기존의 익숙한 관점에 잘 들어맞는 것처럼 보인다. 이런 관점에 따르면, 망치와 같은 단순한 도구에서부터 인공지능 로봇에 이르기까지 다양한 종류와 수준의 모든 기술은 그 자체로는 어떠한 도덕적 가치나 목적을 가지지 않는다는 점에서 중립적이다. 모든 과학 기술은 그것을 제작하거나 사용하는 인간이 가진 구체적인 목적을 보다 효율적으로 실현하기 위해 사용되는 도구일 뿐이기 때문에, 인공지능 로봇 역시 도덕적이거나 법적인 권리가 귀속될 수 있는 존재자로 여겨질 수 없다는 것이다. 그러나 건켈이 지적하듯 '도구'라는 개념이 '과학 기술'의 모든 영역과 가능성을 남김없이 설명하는지 분명하지 않다(Gunkel, 2019: 90). 특히 인공지능 로봇과 같이 고도화된 기계가 인간의 노동을 단순히 돕는 역할에 그치지 않고, 인간 노동자 자체를 대체하고 있는 현상을 고려할 때 인공지능 로봇이 단순히 도구에 불과하다는 오래된 직관은 수정을 요하는 것처럼 보인다. 또한 인간과 여러 영역에서 효과적으로 의사소통하는 소셜 로봇들의 출현과 인간이 그러한 소셜 로봇들에 공감, 애정, 연민 등의 다양한 감정을 보여 주는 방식으로 의사소통하고 있다는 여러 보고는 인공지능 로봇에 모종의 권리를 부여해야 할 필요를 시사하는 것처럼 보인다. 이와 관련하여 건켈이 케이트 달링(Kate Darling)의 말을 인용하듯, 가령 "토스트기가 토스트를 만들도록 설계된 것과 달리, 소셜 로봇들은 우리의 친구로 행위하도록 설계된다"는 점에서(Darling, 2016: 216; Gunkel, 2018: 90에서 재인용), 단순히 도구의 지위를 가지는 것을 넘어 권리가 귀속될 수 있는 인공지능 로봇의 가능성에 대해 검토할 필요가 있다는 것이다.

다음으로, 인공지능 로봇은 권리를 가질 수 있기 때문에 로봇은 권리를 가져야 한다고 주장하는 두 번째 입장에 대해 살펴보자. 이 두 번째 입장은 기술적이거나 사실적인 차원에서 로봇이 권리를 가지는 것이 가능하기 때문에, 로봇에게 권리를 귀속하는 것이 규범적이고 당위적인 차원에서 바람직하다고 주장한다. 현재까지 개발된 인공지능은 특정 분야에서만 문제 해결 능력을 보여 주는 약인공지능 수준에 머물러 있지만, 미래에 인간만큼이나 다양한 분야에서 일반적인 문제 해결 능력을 보여 줄 수 있는 강인공지능이 출현하는 경우, 해당 인공지능에 권리를 귀속하는 것이 바람직하다는 것이다. 그런데 이 두 번째 입장은 종종, 인공지능이 권리를 가지는 도덕적 주체가 되는 것이 바람직하다는 결론을 도출하기 위해서는, 인공지능 로봇이 의식, 자유 의지, 지각 능력, 혹은 쾌고(快苦) 감수 능력 등과 같은 존재론적인 속성을 가지고 있다는 것이 증명될 필요가 있다고 주장한다. 그런데 어떤 대상의 존재론적인 특성으로부터 도덕적 지위를 도출하고자 하는 이러한 접근은 다음과 같은 난점을 가지고 있다. 의식과 지각 능력과 같은 속성의 존재론적 특성이 무엇인지에 대해 객관적인 규정이 어렵기 때문에, 인공지능 로봇이 그러한 존재론적 특성을 갖춘 것인지에 대한 증거 역시 확보하기 어렵다. 인공지능 로봇이 의식을 가질 수 있는지 혹은 고통을 느낄 수 있는지에 대한 질문에 답하는 것이 어려운 근본적인 이유 중 하나는, 우리가 의식이 무엇인지, 고통이 무엇인지 알지 못한다는 사실로부터 기인한다는 것이다(Gunkel, 2018: 92-93).

로봇이 권리를 가질 수 있다 하더라도, 로봇을 도덕적 주체로 여겨서는 안 된다고 주장하는 세 번째 입장은 첫 번째 입장과 유사하게 고도화된 인공지능 기계를 단순히 도구로 보는 관점이 지니는 한계를 반영한다. 로봇이 권리를 가질 수 없다 하더라도 로봇을 권리를 가지는 도덕적 주체로 여겨야 한다고 주장하는 네 번째 입장은, 인간이 소셜 로봇에 투영하는 감정적인 유대감을 잘 반영할 수 있다는 장점을 가지는 반면, 그러한 감정이 비일관적이거나 변덕스러운 것일 수 있다는 한계를 가지고 있다(Gunkel, 2018: 92-93).

건켈은 위와 같은 논의에 비추어, 사실과 당위의 관계로부터 로봇의 권리 귀속 문제에 접근하고자 하는 접근이 모두 한계를 보여 주며, 가치론적 측면에서 당위적이고 규범적인 고려를 우선시하여 로봇의 권리 귀속 문제에 접근할 것을 제안한다(Gunkel, 2018: 95).

AI 인격의 사실적 차원과 당위적 차원

위의 논의를 이 책의 관심사인 '인공지능에 인격의 지위를 부여할 수 있는가'의 문제에 적용하자면 다음과 같이 말할 수 있다. 해당 문제는 한편으로 인공지능이 실제로 인격의 지위를 가지는 것이 이론적으로 혹은 사실적으로 가능한지에 대한 문제의 측면과, 다른 한편으로 인공지능에 인격의 지위를 부여하는 것이 가치론적으로 바람직하며 정당화될 수 있는지의 문제 모두와 관련된다.

아빌라 네그리(Sergio M. C. Avila Negri)가 지적하듯 먼저 인공지능에 인격의 지위를 부여하는 것이 논리적으로 가능하며 사실적으로 가능한 것으로 밝혀진다 해도, 그렇게 하는 것이 도덕적 측면에서 좋은 일인지에 대해서는 의문을 제기할 수 있다는 점에서, 가능성과 정당성의 문제는 서로 구분될 수 있다(Avila Negri, 2021: 2). 그러나 2장에서 살펴보았듯, 인격 개념이 이미 법적 · 도덕적 함축을 가진다는 측면에서 가능성의 문제와 정당성의 문제는 서로 엄격하게 구분되기 어렵다. 가령 고인석도 가능성과 정당성이라는 두 가지 다른 차원의 질문들을 서로 구분하면서도, 인공지능에 자율적 존재의 지위를 부여할 수 있는지의 가능성에 대한 질문에 대답하는 "문제의 실질적인 무게"가 정당성에 대한 질문에 달려 있다고 지적한다(고인석, 2017: 169).

비슷하게, 인공지능에 인격의 지위를 부여하는 것이 가능한지에 대한 질문은 인공지능에 인격의 지위를 부여하는 것으로부터 파생될 결과를 종합적으로 고려하는 관점에서나 도덕적 원리의 관점에서 정당화될 수 있는가의 질문과 분리해 다루기 어렵다. 인격 개념이 어떤 대상의 법적 · 도덕적 책임 귀속의 문제와 관련된 가치론적인 고려를 이미 포함하기 때문이다. 비사 커키(Visa AJ

Kurki)가 지적하듯, 'is/can' 질문과 'ought' 질문의 구분을 일반적으로 인정하더라도, "어떤 개체가 권리를 가질 수 있는지는(whether an entity can hold rights) 분명히 그 자체로 도덕적 질문이며, 따라서 'ought' 질문"인 것이다(Kurki, 2019: 178, n 10). 이러한 고려를 바탕으로, 이 책에서는 인공지능에 인격을 부여할 수 있는지의 물음과 관련된 가능성의 측면과 정당성의 측면을 특별히 나누어 고찰하지 않기로 한다.

참고문헌

고인석(2017). 인공지능이 자율성을 가진 존재일 수 있는가?. ≪철학≫, 163-187쪽.

Avila Negri, S. M. C.(2021). Robot as legal person: Electronic personhood in robotics and artificial intelligence. *Frontiers in Robotics and AI, 8*, pp.1-10.

Darling, K.(2016). Extending legal protection to social robots: The effects of anthropomophism, empathy, and violent behavior toward robotic objects. In R. Calo, et al.(Eds.), *Robot law*(pp. 213-231). Northampton, MA: Edward Elgar.

Gunkel, D. J.(2018). The other question: Can and should robots have rights?. *Ethics and Information Technology, 20*, pp.87-99.

Hume, D.(1896). *A Treatise of Human Nature*. L. A. Selby-Bigge(Ed.). Oxford: Clarendon Press. 김성숙

옮김(2021). 『인간이란 무엇인가: 오성·정념·도덕 본성론』. 동서문화사. 2021.
Kurki, A. J.(2019). *A theory of legal personhood.* Oxford: Oxford University Press.

04
AI 인격체에 대한 기대와 흥분

AI 인격체의 가능성을 긍정하는 주장들의 의의와 한계에 대해 논의한다. 전자 인격에 찬성하는 이들은 AI가 인간 설계자나 사용자의 개입 없이 자율적으로 판단하고 인간과 구체적으로 상호 작용하는 사례에 주목한다. 이들의 주장은 인격에 대한 인간 중심주의적 편견으로부터 벗어나 있으나, 도덕적 · 법적 책임을 실질적으로 질 수 없는 약인공지능에 인격의 지위를 부여하는 것을 종종 시도한다는 점에서 위험할 수 있다.

AI와 사주?

인공지능에 전자 인격의 지위를 부여하는 것에 찬성하는 이들은, 인공지능이 인간의 개입이나 통제 없이 다양한 과제를 해결해 나가고 있다는 점과, 인공지능 로봇이 인간과 상호 작용하는 양상이 보다 다양화되고 복잡화될 것이라는 점에 주목한다.

자율성

인공지능은 외부 정보를 인간의 개입이나 통제 없이 스스로 인식하고 학습하며, 주어진 데이터에서 스스로 패턴이나 규칙을 찾아내는 것으로 알려져 있다. 이러한 관점에서 인공지능은 단순히 규칙에 따라 다양한 입력 정보에 대해 고정된 출력값을 산출하는 자동화 시스템 혹은 규칙 기반 단순 기계와는 구별된다. 단순 자동 기계는 동일한 입력에 대해 고정적으로 대응하는 출력을 산출하기에, 그것의 작동 방식은 인간의 예측과 통제 안에 있다. 반면 인공지능은 주어진 데이터로부터 스스로 패턴과 규칙을 찾아내기 때문에, 인공지능은 자신의 학습을 통해 새롭게 찾아낸 문제 해결 방식에 따라 동일한 입력값에 대해서도 상이한 출력값을 산출할 수 있게 된다. 이때 인공지능의 학습과 판단 과정을 해당 인공지능의 설계자조차 종종 파악할 수 없으며, 인공지능의 이러한 독립적인 분석, 학습, 판단 등의 기능으로 인해 인공지능을 종종 자율 시스템 혹은 자율 지능 시스템이라고 일컫는다. 이처럼 인공지능이 인간이 생산해 낸 빅 데이터에 의존하지 않고 새로운 문제 해결 방식을 찾아내는 기능을 고려할 때, 인공지능에 모종의 자율 지능을 가진 존재의 지위를 부여할 수 있다는 의견이 제시되고 있다.

가령 제이컵 터너(Jacob Turner)는 인공지능 시스템이 "인간의 조언 없이(without human input) 결정을 내릴 수 있다"(Turner, 2019: 187)는 점에 주목해, 인간의 감시 없이 주요 결정을 내릴 수 있는 권한이 부여될 필요가 있다는 주장을 긍정적으로 검토한다(Turner, 2019: 182). 인공지능 시스템이나 로봇에게 인간이 누리는 것과 동일한 권리를 부여할 필요는 없지만(Turner, 2019: 189), "인공지능은 본성상 그것 자신의 독립적인 '의지(will)'를 가지고 있다"(Turner, 2019: 187)고 볼 수 있다는 것이다. 터너는 인공지능의 자유로운 의사 결정 능력을 고려할 때, 인공지능의 행위를 인공지능이 독립적으로 야기한 것으로 볼 수 있도록 인공지능에 법적 인격의 지위를 부여하는 작업이 필요하다고 주장한다(Turner, 2019: 186-187).

인공지능의 상호 작용 능력

인공지능이 보여 주는 모종의 자율성에 대한 고려와 더불어, 인공지능이 규칙 기반 자동 시스템으로서의 단순 기계와 달리 인간과 구체적으로 의사소통하며 상호 작용할 수 있다는 점에서 인공지능에 모종의 인격적 지위를 부여할 수 있다는 논변들이 있다. 이러한 논변은 어떤 존재자의 법적 · 도덕적 지위가 그 존재자에 내재하는 속성을 근거로 부여되기보다는, 그 대상이 인간과 구체적으로 관계를 맺고 상호 작용하는 양상에 대한 검토를 통해 결정되어야 한다고 주장한다. 가령 마크 코켈버그(Mark Coeckelbergh)에 따르면, 인공지능을 포함하는 기계의 도덕적 지위는, 어떤 과학적 범주화나 철학적 개념화를 통한 추상적인 논의를 통해 결정할 수 없다. 그보다는 우리의 일상을 구성하는 구체적인 역사, 문화, 사고방식, 자연환경, 물질적 조건, 사회적 논의 등과 얽혀 있는 맥락 안에서 인공지능이 인간과 실제로 어떤 관계를 맺으며 상호 작용하고 있는지를 살핌으로써, 그것의 도덕적 지위를 결정해야 한다(Coeckelbergh, 2014: 64, 67). 코켈버그는 요양원, 가정, 군사 분야 등에서 인공지능이 인간과 상호 작용하는 사례가 점점 더 늘어나고 있다는 사실을 지적하며, 인간이 "감정과 의도를 로봇에게 귀속

시키며", 로봇이 다치지 않도록 주의할 뿐 아니라 "심지어 그것을 사랑하고 좋아"하는 감정을 드러내 보이는 방식으로 상호 작용하고 있다고 주장한다(Coeckelbergh, 2014: 61).

가령 페퍼(Pepper), 파로(Paro), 아메카(Ameca)와 같은 휴머노이드형 로봇의 경우, 인간의 음성, 터치, 표정, 제스처 등의 정보를 취합할 수 있는 센서를 통해 기초적인 수준에서 인간의 다양한 감정을 분별하고 그에 반응할 수 있다고 알려져 있다. 인공지능 로봇이 인간의 자연어와 표정을 기반으로 인간과 의사소통할 수 있는 기능 내지 능력이 지금보다 훨씬 세분화하고 발전한다면, 인공지능이 병원, 요양원, 가정, 교육 현장과 같은 다양한 삶의 맥락에서 하나의 인격으로서 인간과 상호 작용할 가능성이 더욱 커질 수 있다는 것이다.

인공지능 로봇의 인간과의 상호 작용 능력에 주목해, 올리버 퀵(Oliver S. Quick) 역시 인간이 사회적 로봇에 감정 이입을 하며, 공감하는 방식으로 윤리적 관계를 맺어 가고 있다고 지적하며(Quick, 2022: 8), 도나 해러웨이(Donna J. Haraway)는 기계와 인간 사이의 견고한 경계가 있다는 생각을 넘어 사회적이고 정치적인 고려 대상의 범위가 획기적으로 확장되어야 한다는 것을 주장한 바 있다(Haraway, 2000: 291-295). 비슷한 맥락에서 데이비드 건켈(David J. Gunkel)은 인공지능 로봇이 우리가 윤리적으로 고려해야 할 새로운 타자로 부상할 가능성을 탐구한다(Gunkel, 2018: 170-177).

찬성 입장의 강점과 한계

인공지능에 인격의 지위를 부여하는 것을 긍정적으로 검토하는 입장은 인격 개념이 단순히 특정 생물학적 종 개념에 국한될 수 없다는 것을 올바르게 통찰한다. 실로 자신의 행동이 윤리적으로 바람직하거나 해로운 결과를 일으킬 수 있음을 인지하고, 그러한 이해에 비추어 자유롭게 자신의 행동을 선택하는 방식으로 인간과 원활하게 상호 작용하는 것으로 생각되는 강인공지능이 출현한다면, 그러한 인공지능을 인격적 주체로 여기는 것이 가능할 것이다.

그러나 인공지능에 인격의 지위를 부여하는 것을 긍정적으로 검토하는 입장은 필자가 생각하기에 종종 다음 문제점을 드러낸다. 인공지능에 인격의 지위를 부여하는 것을 긍정적으로 검토하는 입장이 특정 분야의 문제 해결만을 수행할 수 있는 약인공지능에 도덕적 · 법적 책임이 귀속될 수 있는 인격체의 지위를 부여하는 것을 종종 시도하는데, 이는 2장에서 간단히 언급했고 다음 장에서 더 자세히 살펴볼 것처럼 예측할 수 없는 위험에 인간을 노출시킬 수 있을 뿐 아니라, 마땅히 인간 설계자나 인간 사용자가 져야 할 책임을 기계에 잘못 전가하는 계기가 될 수 있기에 바람직하지 않다. 이러한 진단에 반대해 약인공지능이 인간 사회에 심각한 피해를 끼친 경우 "AI의 작동을 중지하거나 해체"(신상규, 2017: 286)함으로써 인공지능에 책임을 귀속하거나, "사후적인 처벌과 보상"(신상규, 2017: 289)보다는 자신의 행위가 가져올 윤리적 결과를 예측해 "가능한 한 최선의 규범적 행동을 해야만 할 예방적"(신상규, 2017: 288) 책무성을 강조함으로써 약인공지능을 자율적 도덕 행위자로 여길 여지가 있을 것이라는 의견이 제시된 바 있다. 그러나 이러한 논변은 약인공지능이 "법적 주체"로서 "권리나 책임을 부여"(신상규, 2017: 266)받을 수 있다는 주장을 뒷받침하기에는 역부족이라고 생각된다. 웬델 월러치(Wendell Wallach)와 콜린 앨런(Colin Allen)이 지적하듯이 로봇의 전원을 끄는 것이 과연 약인공지능에 대한 적절한 처벌이 될지, 혹은 그러한 개념이 약인공지능의 발달에 긍정적인 효과를 줄 수 있을지는 의문스럽게 남아 있는 것으로 보인다(Wallach & Allen, 2014: 336). 또한 약인공지능이 예방적 책무성을 달성하게 하기 위해서는, 저자도 인정하듯 결국 인공지능 "기술의 설계자나 제작자, 혹은 사용자에게" "일반적인 경우에서 요구되는 것보다 훨씬 더 엄격한 수준의 사전 예방(precautionary principle)의 준수를 요구하는 일"(신상규, 2017: 289)이 필요할 것이다. 이렇듯 약인공지능이 예방적 책무성을 달성하는 일이 여전히 그것을 제작하고 사용하는 인간에게 핵심적으로 달려 있을 것이라면, 약인공지능에 권리와 책임을 지니는 도덕적 · 법적 주체의 지위를 부여하는 것은 적절하지 않아 보인다. 월러치와 앨런도 지적하듯 윤리적으로 심각한 결과를 야기할 수 있는 선택을 약인공지능에 맡기려는 시도는 실로 "위험하며 인간의 책임을 방기하게 만들 수 있"을 것(Wallach & Allen, 2014: 82)이라는 점에서 약인공지능에 도덕적 · 법적 주체로서의 지위를 부여하는 것은 문제적이다.

참고문헌

신상규(2017). 인공지능은 자율적 도덕행위자일 수 있는가?. ≪철학≫, 265-296쪽.

Coeckelbergh, M(2014). The moral standing of machines: Towards a relational and non-cartesian moral hermeneutics. *Philosophy and Technology, 27*, pp.61-77.

Gunkel, D. J.(2018). *Robot rights.* Cambridge. MA: The MIT Press.

Haraway, D. J.(2000). A cyborg manifesto. In D. Bell & B. M. Kennedy(Eds.), *The cybercultures reader*(pp.291–324). London: Routledge.

Quick, O. S.(2022). Empathizing and sympathizing with robots: Implications for moral standing. *Frontiers in Robotics and AI, 8*, pp.1–10.

Turner, J. R.(2019). *Robot rules: Regulating artificial intelligence.* London: Palgrave Macmillan.

Wallach, W. & Allen, C.(2010). *Moral machine: Teaching robots right from wrong.* New York, NY: Oxford University Press. 노태복 옮김(2014). 『왜 로봇의 도덕인가』. 메디치.

05
AI 인격체에 대한 우려와 두려움

전자 인격의 가능성을 부정하는 주장의 의의와 한계에 대해 논의한다. 인공지능에 인격의 지위를 부여하는 것에 반대하는 이들은 인공지능이 자율적 행위 능력을 가진 인격으로 인정되는 경우, 인간에게 귀속되어야 할 법적 · 도덕적 책임을 인공지능에 전가하는 일이 일어날 수 있다는 점과, 인공지능의 자율적 판단으로 인해 예측하지 못한 큰 위험이 발생할 수 있다는 점을 올바르게 지적한다. 그러나 이들의 논변은 종종 인격에 대한 인간 중심주의적 편견에 기대어 있다.

AI와 아이돌?

자율적 AI의 위험과 책임 귀속 문제

인공지능에 전자 인격의 지위를 부여하는 것에 반대하는 이들은 인공지능에 인간의 개입 없이 독자적으로 판단하고 행위할 수 있는 권한이 주어지는 경우 예측하지 못한 큰 위험이 발생할 수 있다는 점을 지적한다. 그러한 우려는 인공지능이 군사 기술 분야에서 활용되는 경우와 관련하여 특히 중요하게 논의되고 있다. 가령 로버트 스패로(Robert Sparrow)는 자율형 무기 시스템(autonomous weapon system, AWS)이 미래에 스스로 상황을 판단하고 자신의 행위를 결정 및 실행할 수 있는 권한을 인정받게 되는 경우, 인공지능의 오판이나 오작동으로 인해 무고한 사람이 살상될 수 있을 것이라고 지적한다. 예를 들어 AWS는 적군을 포로로 삼았을 때 포로 수용 비용이 상당할 것이라거나 아군의 안전을 도모하는 데 덜 효과적일 것이라고 판단해, 항복 의사를 분명하게 밝힌 적군 병사를 폭격하여 살상할지 모른다는 것이다(Sparrow, 2007: 66).

인공지능 시스템이나 로봇에 전자 인격의 지위를 부여하는 것에 반대하는 입장은 또한 인공지능의 오작동이 실제로 인간에게 피해를 일으켰을 경우, 그러한 잘못에 대한 책임을 인공지능에 귀속하는 것이 바람직하지 않다는 점을 지적한다. 위에서 언급한 예시에서처럼 AWS가 인간의 개입 없이 독자적으로 결정해 항복 의사를 분명하게 밝힌 적군 병사를 폭격하여 살상하는 일이 발생한다면, 전쟁법에 대한 그와 같은 중대한 위반의 책임을 현재까지 약인공지능의 수준에 머물러 있는 AWS에 귀속하는 것은 적절하지 않다. 그러한 잘못의 책임은 오히려 AWS의 잠재적 위험을 인지하면서도 인간의 감시 없이 살상 결정을 내릴 수 있는 AWS를 전장에 투입하기로 결정한 군 지휘관에게 귀속되어야 한다는 것이다(이상헌, 2023: 105, 110-111). 보다 일반적으로, 인공지능 시스템이나 로봇이 사람에게 실제로 피해를 야기한 경우, 그러한 잘못의 책임은 인공지능 자체보다도 그러한 인공지능을 개발, 유통, 사용하는 사람들이 지는 것이 바람직할 것이다.

전자 인격에 대한 반대 의견

이러한 점에서 인공지능에 전자 인격을 부여하는 것에 반대하는 이들은 인공지능에 전자 인격의 지위를 부여하는 것이 인간이 마땅히 져야 할 도덕적 · 법적 책임을 회피하고, 그러한 책임을 인공지능에 잘못 전가하는 수단이 될 것이라고 우려한다(Floridi & Taddeo, 2018;

Floridi, 2021). 가령 루치아노 플로리디(Luciano Floridi)는 최근 "어떤 AI 시스템의 책임도 전적으로 그것을 디자인하고, 제조하며, 유통하고, 사용하는 사람들에게 있다"는 것을 주장하며, 인공지능 시스템이나 로봇에 인격의 지위를 부여하는 대신 인공지능 개발에 대한 인간의 감시를 강화해야 할 필요성을 강조했다(Floridi, 2021: 219).

비슷한 맥락에서 조안나 브라이슨(Joanna J. Bryson) 등은 인공지능 시스템은 인간이 사용하는 도구로서의 지위를 가지는 것이 바람직하며 인간 행위자가 이기적인 목적을 위해 전자 인격 개념을 남용하지 않도록 인공지능에 인격의 지위를 부여하지 않는 것이 바람직하다고 주장했다(Bryson et al., 2017: 285-287). 파울 노윅(Paweł Nowik) 역시 인공지능을 독립적인 사유 주체로 보아서는 안 되며, 인공지능에 인격의 지위를 부여했을 때 고려해야 할 여러 윤리적 문제를 고려할 때 그것들을 인간의 도구로 보는 것이 적절하다고 보았다(Nowik, 2021: 10). 실제로 인공지능 로봇에 전자 인격을 부여하는 방안을 검토해야 한다는 유럽 연합(EU) 의회의 결의안이 발표된 뒤, 유럽 연합에 속하는 14개국의 인공지능 로봇 전문가, 철학자, 법률가, 기업가 등으로 구성된 156

명의 인사가 유럽 위원회에 인공지능 로봇에 전자 인격의 지위를 부여하려는 시도에 반대하는 공개서한을 보낸 바 있다(Nevejans et al. 2018). 유럽 경제 사회 위원회(European Economic and Social Committee) 역시 인공지능에 인격의 지위를 부여하는 것이 제조사와 사용자 등이 마땅히 져야 할 법적 책임 개념을 무용화할 위험이 있다는 점을 들어 해당 제안에 반대 의사를 표시했다(European Economic and Social Committee, 2017). 유럽 연합 집행 위원회(European Commission)가 임명한, 책임과 신기술에 관한 전문가 그룹도 전자 인격 개념을 새로 도입하기보다는, 기존의 법인격 개념을 활용해 인공지능 시스템에 의해 발생할 피해에 대응해 가는 것이 더 효과적인 대응 방식일 것이라고 진단했다(European Commission, 2019: 38).

반대 입장의 강점과 한계

인공지능에 인격의 지위를 부여하는 것의 가능성을 부정적으로 평가하는 입장은 현존하는 인공지능과 가까운 시일 내에 개발될 것으로 생각되는 약인공지능에 인격의 지위를 부여하는 것의 위험성을 올바르게 지적한다. 현재까지 개발되었거나 근시일 안에 개발될 것으로 예상되는 인공지능은 모두 스스로 목적 자체를 설정하거나 따라야 할 도덕 법칙을 정립하는 자유의 능력을 가지고 있지 않다. 인간 설계자가 종종 인공지능의 문제 해결 메커니즘을 파악하거나 통제할 수 없을지라도, 그것이 인공지능의 오작동으로 인한 피해를 인간 설계자가 아닌 인공지능에 귀속하기에 충분한 근거가 되기 어렵다. 인공지능에 부여되는 과제와 그것을 수행하는 메커니즘은 기본적으로 인간 설계자가 설정한 것이며, 인공지능이 인간이 파악하거나 통제할 수 없는 방식으로 작동함으로써 문제나 피해가 발생할 가능성을 염두에 두어 오히려 인공지능 개발 절차에 더욱 주의를 기울이는 노력이 필요하다. 플로리디가 최근 이점을 지적했듯이, 인공지능에 인격의 지위를 부여하는 것은 "무책임한 사람들이 엔지니어링, 마케팅, 그리고 로봇의 사용에서 주의를 기울여야 할 필요를 묵살"하게 하는 좋은 구실이 될 수 있다(Floridi & Taddeo, 2018: 1). 실로 목적 자체를 스스로 설정하고 따라야 할 행위 법칙을 정립할 능력이 없는 약인공지능에 인격의 지위를 부여하는 것은 바람직하지 않다.

그러나 인공지능에 인격의 지위를 부여하는 것의 가능성을 부정적으로 평가하는 입장은 종종 인격 개념을 생물학적 인간종에 국한해야 하는 것으로 주장하는데, 그러한 입장은 인격성이 왜 인간종의 생물학적 특성에서만 발현될 수 있는 것으로 보아야 하는지에 대한 답변을 적절하게 제시하지 못한다. 가령 존 설(John R. Searle)은 컴퓨터나 인공지능이 아무리 발전한다 해도 인간의 이해나 지능을 가질 수 없다고 주장하면서, 인간이 가진 것과 같은 고도의 이해 능력은 오직 생물학적으로 인간종으로 분류된 이들이 가진 뇌에서만 기인할 수 있다고 보았다(Searle, 1980: 424). 그러나 자신을 도덕적 · 법적 책임의 주체로 여기기 위해 핵심적일 지능과 같은 심적 능력이 왜 반드시 인간의 뇌에서만 기인할 수 있는 것으로 여겨야 하는지는 분명하지 않다. 인간 뇌의 생물학적 속성을 자세히 분석한다 하더라도, 그로부터 자신의 행위에 대한 도덕적 · 법적 책임을 질 수 있기 위해 반드시 필요할 이해 능력이 성립되는 정확한 메커니즘이 설명되는 것은 아니다. 이 점은 3장에서 논의한 대로, 의식이나 이해 능력이 공간에 존재하는 물리적 대상과 달리 객관적으로 파악되거나 규정될 수 있는 것이 아니라는 점과 밀접하게 관련되어 있다. 우리는 우리의 의식이나 지능이 어느 정도의 문제 해결 능력을 가지는지 간접적으로 파악할 수 있을 뿐, 의식과 여타 심적 상태

자체가 정확히 어떤 객관적 속성을 가지는지 알 수 없다. 따라서 우리의 의식과 다른 심적 능력이 인간 이외의 다른 존재자들에게서 발현될 수 있는지도 우리는 알 수 없다.

국내 연구자 중에서는 고인석이 "스스로 목표를 변경할 수 있다는 의미의 자율성을 지닌 인공지능이 인간을 대행하도록 하는 경우, 예측 불가능하고 심각한 위험이 발생할 수 있다"(고인석, 2017: 180)는 점을 들어, 인공지능 시스템이나 로봇 등에 자신의 의사와 행동을 스스로 결정하는 권리를 귀속하는 데 반대했는데, 전자 인격 개념에 대한 그러한 비판적 관점은 앞서 살펴본 것처럼 약인공지능에 적용될 경우 설득력이 있으며 바람직하다. 그러나 그러한 비판적 관점은 종종 강인공지능의 가능성 자체를 원천적으로 부정하는 것까지 주장하는데, 필자가 생각하기에 그러한 주장은 인간 중심적 편견에 기대어 있어 정당화되기 어렵다. 가령 고인석은 인공지능에 자율적인 행위자의 지위를 부여해서는 안 된다는 자신의 주장을 뒷받침하기 위해, 때때로 인격에 대한 칸트의 관점을 인간 중심주의적인 것으로 해석하며 인용한다. 칸트에 따르면 인간만이 도덕적 인격의 가능성을 뒷받침하는 "이성을 지녔다는 의미에서 우주의 고유한 존재"(고인석, 2017: 175)이며, 인공지능은 그것의 복잡도가 아무리 증가한다 해도 칸트적 의미의 인격이 될 수 없다는 것이다.

그러나 이러한 논변은, 설의 생물학적 자연주의의 경우와 비슷하게, 이성의 능력이 왜 인간에게서만 발현될 수 있는 것으로 여겨야 하는지에 대한 설명을 적절하게 제시할 수 없다는 점에서 인간 중심주의적 편견에 기대어 있다는 비판으로부터 자유롭기 어렵다. 해당 논변은 또한 이성이나 인격에 대한 칸트의 관점을 위와 같은 의미에서 인간 중심주의적인 것으로 해석하는 반면, 다음 장들에서 더 자세히 살펴볼 것처럼 칸트 철학에 대한 그러한 해석이 문헌적 근거를 통해 뒷받침되기 어렵다는 점에서도 문제적이다.

참고문헌

고인석(2017). 인공지능이 자율성을 가진 존재일 수 있는가?. ≪철학≫, 163-187쪽.

이상헌(2023). '인공지능 책임' 쟁점에 대한 비판적 고찰. ≪신학과 철학≫, 95-118쪽.

Bryson, J. J., et al.(2017). Of, for, and by the people: The legal lacuna of synthetic persons. *Artificial Intelligence and Law, 25*(3), pp.273-291.

European Commission(2019). Directorate-General for justice

and consumers. *Liability for artificial intelligence and other emerging digital technologies*, https://data.europa.eu/doi/10.2838/573689

European Economic and Social Committee(2017). Opinion of the European economic and social committee on 'Artificial intelligence-The consequences of artificial intelligence on the (digital) single market, production, consumption, employment and society'(own-initiative opinion). *EUR-Lex*, https://eur-lex.europa.eu/legal-content/EN/TXT/?uri=CELEX%3A52016IE5369

European Parliament(2017). European Parliament resolution of 16 February 2017 with recommendations to the Commission on Civil Law Rules on Robotics (2015/2103(INL)).

Floridi, L. & Taddeo, M.(2018). Don't grant robots legal personhood. *Nature, 555*(66), p.309.

Floridi, L.(2021). The European legislation on AI: a Brief analysis of its philosophical approach. *Philosophy & Technology, 34*, pp.215-222.

Nevejans, N., et al.(2018). Open letter to the European Commission: Artificial intelligence and robotics. *Robotics Open Letter*. April 11th. http://www.robotics-openletter.eu

Nowik, P.(2021). Electronic personhood for artificial intelligence in the workplace. *Computer Law & Security Review, 42*, pp.1-14.

Searle, J. R.(1980). Minds, brains, and programs. *Behavioral and Brain Sciences, 3*(3), pp.417-457.

Sparrow, R.(2007). Killer robot. *Journal of Applied Philosophy, 24*, pp.62-77.

06

전자 인격 논쟁과 칸트의 인격 개념

전자 인격을 둘러싼 찬반 논쟁에서 인격에 대한 칸트의 관점을 종종 인용한다. 찬반 양측은 인격에 대한 칸트의 관점에 따르면 인공지능에 인격의 지위를 부여할 수 없다는 해석을 종종 공통적으로 받아들인다. 그러나 인격에 대한 칸트의 관점에 따르면 약인공지능에 인격의 지위를 부여할 수 없다는 것을 받아들인다 할지라도, 필자가 생각하기에 이것을 인격에 대한 칸트의 관점이 인간 중심주의적이라거나 강인공지능의 출현 가능성을 부정할 논거로 활용할 수 있다는 것을 의미하지는 않는다.

AI와 야구?

인공지능의 인격성 논쟁에서 등장하는 칸트의 인격 개념

앞에서 살펴보았듯, 인공지능에 인격을 부여하는 것이 가능한 일인지, 혹은 그것이 바람직한지에 대해 찬반 논쟁이 있다. 그런데 인공지능에 인격을 부여해야 하는지에 대해 찬성하는 입장과 반대하는 입장이 종종 공유하는 한 가지 해석이 있다. 이는 바로 자율성 개념을 포함하는 근대적 인격 개념의 형성에 중요한 역할을 했던 칸트의 관점에 관한 것이다. 칸트에 따르면 인격은 이성적 사유와 도덕적 귀책 능력이 있는 인간에게만 부여할 수 있는 것이며 인공지능과 같은 인공 기계에는 부여할 수 없다.

칸트는 『도덕형이상학』에서 "인격체는 상이한 현존 상태들에서 자신의 동일성을 의식하는 능력"뿐 아니라, "자기 행위에 책임질 능력"(6:223) 또한 가지고 있어야 한다는 것을 주장한다. 칸트가 "심리적 인격성"(6:223)이라 부르는 전자의 능력과 관련해서 인간은 특히 서로 다른 시간에 걸쳐 마주치는 사유와 경험을 '사고하는 나'의 동일한 표상으로 귀속하는 자기의식을 가지고 있어야 한다. 칸트가 "도덕적 인격성"(6:223)이라 부르는 후자의 능력과 관련해서, 인격적 주체는 스스로 정립한 도덕 법칙에 따라 행위하는 자율성을 가지고 있다. 인간은 단순히 감성적 충동에 의해 수동적으로 규정되는 존재가 아니라, 자신의 이성을 통해 스스로 정립한 도덕 법칙에 따라 행위할 수 있는 인격성 또한 가지고 있기에, 칸트에 따르면 인격적 주체로서의 인간은, 자신의 행위와 그것의 책임을 자신에게 오롯이 귀속할 수 있다.

그런데 심리적 인격과 도덕적 인격에 대해 칸트가 제시하는 관점에 따르면, 인격은 일견 인공지능과 같은 인공 기계 일반에 부여할 수 없는 것처럼 보인다.

통각

첫째, 인공지능이 과연 주어진 데이터를 '나'라는 동일한 표상하에 귀속할 수 있는 자기의식을 가지고 있는 것으로 볼 수 있는지 분명하지 않다. 오늘날 인공지능이 기계 학습이라는 과정을 통해 내적 알고리즘을 변형 및 발전시켜 나가는 기능을 가지고 있다 할지라도, 그것이 결국에는 수리적 · 논리적 연산에 의존할 것인 반면 그것을 인간의 통각적 자기의식이나 그것에 기반한 인간의 지능적 사고, 이해, 행위 등에 견주기는 어렵다는 것이다(박욱주, 2020: 222-223). 김형주 역시 인공지능이 "대상에 대한 인식의 객관적 타당성 확보를 위한 인식 주체의 자기의식"을 결여하는 한에서, 인공지능이 보여 주는 문제 해결 능력은 인간의 지능과는 완전히 다른 종류의 것으로 보아야 한다고 주장한다(김형주, 2016: 183-184). 해리 앨리슨(Henry Allison) 역시 인공 기계가 보여 주는 문제 해결 능력은 "(적어도 칸트적 관점에서) 정확히 그것의 자기의식적인, 통각적인 특징"(Allison, 1996: 63; Schilicht, 2022: 7에서 재인용)을 결여하고 있다고 본다.

자율성

둘째, 관련된 문제로 인공지능이 보여 주는 행위의 자유도를 과연 인간에게 인격성을 부여하는 중요한 근거로 논의되는 자율성에 견줄 수 있는지 분명하지 않다. 도덕적 인격에 대한 칸트의 관점에 따르면, 인간은 이성적 숙고를 통해 스스로 정립한 도덕 법칙에 따라 자유롭게 행위하며, 자신의 행위에 대한 책임을 자기 자신에게 귀속할 수 있는 존재다. 반면 인공지능의 경우, 인공지능이 달성해야 할 목표를 스스로 설정하거나 자신이 따라야 할 알고리즘을 직접 설계한 것으로 보기 어렵다. 가령 웬델 월러치(Wendell Wallach)와 콜린 앨런(Colin Allen)은 "칸트주의 윤리학자는 기계가 진정한('형이상학적') 자유 의지를 결코 갖지 못한다고 믿"기 때문에, "칸트주의 윤리학자는 기계가 진정한 도덕적 행위자일 수 있다는 발상에 가장 반대하는 편에 속한다"고 주장한다(Wallach & Allen, 2014: 344). 고인석 또한 인공지능이 수행하는 과제나 과제를 수행하기 위해 따르는 알고리즘은 오히려 인간에 의해 부여되고 인간의 설계에 의해 크게 제약된다는 점에서, 인공지능은 칸트적 의미에서 자유롭게 행위하는 도덕적 인격이 될 수 없다고 주장한다(고인석, 2017: 175).

인간 중심주의

셋째, 위의 사항을 고려할 때, 칸트는 오직 인간만이 인격이 될 수 있다는 관점을 견지했다는 해석이 가능한 것처럼 보인다. 이러한 해석에 따르면, 칸트는 인간만이 도덕적 인격의 가능성을 뒷받침하는 "이성을 지녔다는 의미에서 우주의 고유한 존재"(고인석, 2017: 175)이며, 인공지능은 그것의 복잡도가 아무리 증가한다 해도 칸트적 의미의 인격이 될 수 없다. 가령 고인석은 다음과 같이 말한다.

> [칸트에게] 인간은 이런 의미의 이성을 지녔다는 의미에서 우주의 고유한 존재다. 그에게 인격성(Personlichkeit)은 한

편으로 자연의 기계적 규칙성으로부터의 독립을 의미하는 동시에 이성이 부여하는 실천 법칙에 스스로 복종하는 인간 존재 고유의 격위를 의미한다. 칸트에게는 우주에 존재하는 모든 것들 가운데 오로지 이런 특유의 속성을 지닌 존재인 인간만이 자율적 존재의 지위에 있다. 따라서 '책임'이나 '의무'는 오로지 인간에게만 적용 가능한 개념이다.

칸트의 관점에서 볼 때 인공지능은 그 수준이나 세부 속성과 무관하게 자율적 존재일 수 없는 것으로 보인다. 따라서 우리는 인공지능이나 지능형 로봇에 의무나 책임의 관념을 적용할 수 없다. 인간과 달리 그것은 이성을 지닌 존재가 아니고, 도덕 법칙에 스스로 순응할 수 있는 존재가 아니기 때문이다(고인석, 2017: 175).

이상욱은 "칸트의 이성주의적 윤리관에 입각할 때 인공지능에게 도덕적 행위자 개념을 부여하는 것이 거의 불가능하다는 점에는 이론의 여지가 없"다고 주장하며, "만약 칸트적인 근대적 인간관에 대해 많은 사람이 공감하지 않는 시대가 온다면 그때 윤리학 논의는 칸트주의적 직관에 제한받지 않고 보다 자유롭게 진행될 수 있을 것"이라고 전망한다(이상욱, 2019: 273).

신상규는 기계 학습 절차를 통해 내적 알고리즘을 스

스로 변화시킬 수 있을 정도의 자유도를 가진 인공지능에는 인간의 인격성과 동일한 것은 아닐지라도 "전자 인격이라는 법적 지위를 부여"(신상규, 2017: 266)하는 것이 가능할 것이라고 본다. 신상규는 그러한 인공지능이 "인간으로부터 독립된 모종의 자율적 주체"이자 "법적 주체로서 권리나 책임을 부여"(신상규, 2017: 266)받는 것이 가능할 것이라고 보는데, 그에 따르면 자율적 입법 능력에 기반한 칸트적 인격 개념은 인간만을 가치 있는 존재로 간주하는 근대의 인간 중심주의적 사고를 반영하는 것으로서, 보다 바람직한 행위자 개념의 정립을 위해 극복해야 하는 지점을 가리킨다(신상규, 2017: 278; 신상규, 2016: 291-292 참조).

이을상 또한 자율적이고 도덕적인 행위자에 대한 칸트의 관점이 "인간의 권능을 입증"(이을상, 2022: 157)하고자 하는 "유감"스러운 인간 중심주의 전통에 속한 것으로 해석하고 "이러한 인간 중심주의적 전통에서는 인공지능이 진정한 도덕적 행위자가 될 가망은 전혀 없어 보인다"(이을상, 2022: 157)고 주장한다.

전자 인격 논쟁에서 인격에 대한 칸트의 관점을 인용하는 방식에 대한 평가

인격에 대한 칸트의 관점에 따르면 인공지능은 인격적 존재가 될 수 없다는 위와 같은 해석은, 특정 분야의 문제 해결을 위해서만 활용될 수 있는 약인공지능에 적용되는 경우 어느 정도 설득력이 있다. 존 설(John R. Searle)이 제시한 강인공지능(strong AI)과 약인공지능(weak AI)의 구분에 따르면 강인공지능은 인간의 지능을 포함해 인간의 심적 상태를 정보 처리 체계를 통해 온전하게 구현할 것으로 상상되며, 약인공지능은 특정 분야의 문제 해결을 위해서만 활용되는 인공지능을 의미한다(Searle, 1980: 417). 현재까지 인간의 심적 상태를 온전하게 구현한 강인공지능은 개발되지 않았으며, 현재 바둑, 체스, 퀴즈, 간호, 법률 자문 등 특정 분야에서 중요하게 활용되고 있는 모든 인공지능은 약인공지능으로 분류된다.

인격에 대한 칸트의 관점에 따르면, 목적과 행위 규칙을 스스로 정립할 능력이 없는 약인공지능은 실로 인격적 존재자가 될 수 없다. 약인공지능의 과제와 메커니즘은 기본적으로 인간 설계자가 설정한 것이기에, 약인공지능이 보여 주는 행위의 자유도는 여전히 인간 설계자의 의도에 의해 크게 제약되어 있다. 따라서 약인공지능은 스스로 행위 규칙을 정립해 자유롭게 행위하며, 자신의 행위에 대한 책임을 스스로에게 귀속할 수 있는 인격적 주체로 생각하기 어렵다.

그러나 인격에 대한 칸트의 관점에 따르면 약인공지능에 인격의 지위를 부여할 수 없다는 것을 받아들인다 할지라도, 필자가 생각하기에 이것이 인격에 대한 칸트의 관점이 인간 중심주의적이라거나 강인공지능의 출현 가능성을 부정할 논거로 활용될 수 있다는 것을 의미하지는 않는다. 인격에 대한 칸트의 관점을 인간 중심주의적인 것으로 특징짓고 강인공지능의 출현 가능성을 원천적으로 배제할 논거로 활용하기 위해서는, 칸트가 인격은 원리상 인간종에게만 부여할 수 있다고 주장한 바가 있어야 할 것이다. 그런데 필자가 생각하기에 그러한 주장을 칸트에게 귀속하는 것은 다음 장들에서 살펴볼 바와 같이 칸트의 의식 이론과 자유 이념에 대한 논의를 면밀히 검토해 볼 때 문제적이다.

참고문헌

고인석(2017). 인공지능이 자율성을 가진 존재일 수 있는가?. ≪철학≫, 163-187쪽.

김형주(2016). '인공지능'과 '인간지능' 개념에 대한 철학적 분석 시도-맥카시와 칸트의 지능 개념을 중심으로. ≪철학탐구≫,

161-190쪽.
박욱주(2020). 인공 에이전트의 정보적 존재자성과 도덕적 책임주체성-플로리디 정보철학과 칸트 법철학으로 본 인공지능의 인격성. ≪법철학연구≫, 209-234쪽.
신상규(2017). 인공지능은 자율적 도덕행위자일 수 있는가?. ≪철학≫, 265-296쪽.
이상욱(2019). 인공지능의 도덕적 행위자로서의 가능성: 쉬운 문제와 어려운 문제. ≪철학연구≫, 259-279쪽.
이을상(2022). 인공지능의 자율성. ≪철학연구≫, 139-166쪽.
Allison, H. E.(1996). *Idealism and freedom: Essays on Kant's theoretical and practical philosophy*. Cambridge: Cambridge University Press.
Kant, I.(1797). *Die Metaphysik der Sitten*. In *Kant's gesammelte Schriften*. hrsg. Königlich Preußischen Akademie der Wissenschaften, Berlin und Leibzig, 1902~, Band 6. 이충진 · 김수배 옮김(2018). 『도덕형이상학』. 한길사.
Schlicht, T.(2022). Minds, Brains, and Deep Learning: The Development of Cognitive Science Through the Lens of Kant's Approach to Cognition. In H. Kim & D. Schonecker(Eds.), *Kant and artificial intelligence*. Berlin and Boston: De Gruyter.
Wallach, W. & Allen, C.(2010). *Moral machine: Teaching robots right from wrong*. New York, NY: Oxford University Press. 노태복 옮김(2014). 『왜 로봇의 도덕인가』. 메디치.

07
자기의식과 AI

AI 인격체의 가능성은 칸트의 자기의식에 대한 이론을 통해 논박하기 어렵다. 칸트의 통각 이론은 자기의식을 객관적으로 관찰하거나 측정할 수 없다고 주장하며, 이러한 관점에 따를 때 자기의식을 갖춘 AI 인격체가 출현할 가능성이 열린 채로 남아 있게 된다.

AI와 운동주?

칸트의 통각 이론과 강인공지능의 가능성

첫째, 칸트는 '나'라는 자기의식을 이성적 사유와 도덕적 행위의 가능성을 설명하기 위해 전제되어야 하는 초월적 표상으로 도입할 뿐, 그러한 자기의식을 객관적 지식의 대상이 될 수 있는 것으로 제시하지 않는다. 아래에서 더 자세히 살펴볼 것처럼, 칸트는 자기의식의 어떠한 속성도 객관적으로 규정될 수 없다는 것을 주장하기 때문에, 초월적 자기의식이 구체적으로 어떤 경험적 존재자들에게 귀속될 수 있는 것인지에 대한 객관적 지식 역시 칸트에 따르면 성립될 수 없다. 따라서 자기의식은 인간 종에게만 귀속될 수 있다는 주장을 칸트에게 귀속하기 어려우며, 인간이 아닌 다른 이성적 존재자가 자기의식을 갖춘 인격으로 나타날 가능성이 칸트의 통각 이론에서 원천적으로 배제되지 않는다. 즉, 초월적 자기의식에 대한 칸트의 통각 이론을 통해 인격에 대한 칸트의 관점을 종 주의적 인간 중심주의로 특징짓거나, 그러한 통각 이론을 강인공지능의 출현 가능성을 원천적으로 부정할 논거로 활용하는 것은 필자가 생각하기에 적절하지 않다.

칸트에 따르면, '나는 사고한다'는 자기의식은 "내적 경험 일반 그리고 그것의 가능성 혹은 지각 일반 혹은 다른 지각에 대한 그것의 관계"(A343/B401)의 가능성을 설명하기 위해 전제해야 하는 초월적 표상이다. 칸트에 따르면 우리의 감성에 주어진 잡다(Mannigfaltigkeit/manifold)는 "산만"(B133)하여 그 자체로는 아직 대상에 대한 객관적 규정을 제공하지 않는다. 주어진 대상의 속성이나 대상 사이의 관계를 객관적으로 규정하기 위해서는, "대상들 일반에 선험적으로 관계하는 순수 지성 개념들"(A79/B105)을 뜻하는 범주에 따라 주어진 잡다를 결합하는 지성의 종합 활동이 필요하다. 그리고 지성의 그러한 종합 활동은 주어진 잡다가 '사고하는 나'라는 하나의 동일한 의식하에서 통일될 수 있다는 것을 전제해야만 한다. 왜냐하면 그러한 전제 없이는, 잡다한 표상이 "다채 다양한 자기"(B134)에 분산되어 있는 것으로 여겨질 것인데, 그렇게 분산된 잡다는 산만하게 남아 대상에 대한 어떠한 객관적 인식도 제공할 수 없을 것이기 때문이다. 칸트에게서 "객관이란 주어지는 직관의 잡다가 그 개념 안에 통합되어 있는 바로 그것"(B137)이라는 점에서, 대상에 대한 객관적 규정은 주어진 잡다가 하나의 동일한 '나' 안에서 종합되고 통일적으로 의식될 것을 요구하며 전제한다. 칸트는 그러한 "의식의 종합적 통일"을 근원적 통각이라 부르며 "모든 인식의 객관적 조건"(B138)으로 제시한다.

칸트의 이러한 통각 이론에 따르면, '나'라는 표상은 신체에 대한 경험적 개념뿐만 아니라 원인과 같은 초월적 개념도 포함하여 모든 개념을 운반하는 사유의 형식으로서, 모든 사유 및 사유 간의 연결을 가능한 것으로 생각하기 위해 전제되어야만 한다. 그러나 우리는 그 같은 자기의식을 통해 '사고하는 나'에 대한 어떠한 객관적 규정도 얻을 수 없다. 왜냐하면 외감의 대상인 물리적 사물의 경우에서와 달리, 내감의 대상인 '나' 혹은 '영혼'의 경우 그에 대응하는 직관이 우리에게 주어지지 않기 때문이다(B411). 물리적 사물의 경우, 그것과 결합해 있는 직관이 외감 형식인 공간 안에 주어지기 때문에 우리는 그러한 물리적 사물의 크기나 형태와 같은 속성을 객관적으로 규정할 수 있다. 반면 '사고하는 나' 혹은 영혼의 경우, 내감의 형식인 시간 안에서 의식되기는 하나 그러한 내감의 대상과 결합된 직관이 우리에게 주어지지 않기 때문에, 우리는 사고하며 희망하는 등의 활동을 하는 '나'가 어떠한 객관적 속성을 가지고 있는지에 대해서 인식할 수 없다(A358). 따라서 '사고하는 나'에 대한 개념으로부터 가령 영혼이 실체로서 지속한다든가, 질적으로 단순한 것으로서 불후한다든가, 서로 다른 시간에 걸쳐 객관적으로 동일한 존재로 남아 있다고 추론하는 것은 오류다. 그래서 칸트에 따르면, 우리는 서로 다른 시간에 걸쳐 우리 각자가 실제로 동일한 자아로 남아 있는지조차 객관적으로 인식할 수 없다. 가령 실체성의 오류추리에 대한 비판에서 칸트는 다음과 같이 말한다.

> 우리는 어떤 안전한 관찰에 의해서도, 설령 우리가 그것을 노린다 해도, 그러한 고정불변성을 밝혀낼 수는 없을 것이다. '나'라는 것이 모든 사고에 들어 있기는 하지만, 이 표상에는 그것을 직관의 다른 대상들과 구별해 주는 최소한의 직관도 결합되어 있지 않으니 말이다. 그러므로 사람들은 이['나'라는] 표상이 모든 사고에서 언제나 다시금 나타난다는 것을 지각할 수는 있지만, 그것이, 그 안에서 사고들이 – 변모하는 것으로서 – 바뀌는 하나의 고정 지속적인 직관이라는 것을 지각하지는 못한다(A350).

칸트가 위와 같이 제시하는 자기의식에 대한 논의에 비추어 볼 때, 칸트의 통각 이론을 인공지능에 인격을 부여할 수 없다는 주장을 뒷받침하는 논거로 활용하는 것은 적절하지 않다. 칸트는 통각이 우리가 전 시간에서 마주치는 모든 사유를 의식으로 귀속하는 중요한 역할을

한다고 주장하지만, 그러한 자기의식이 사고하는 존재자라면 마땅히 가져야 할 어떠한 객관적 속성에 대한 규정을 제시하지는 못한다고 본다. 칸트는 인격적 존재가 전제하는 자기의식에 대해 어떠한 객관적 지식도 성립될 수 없다고 보기 때문에, 인격적 자기의식이 적용될 수 있는 존재자들의 범위 역시 객관적으로 규정하지 않는다. 우리가 인간으로서 의식하는 '사고하는 나'에 대한 표상이, 어떤 다른 방식으로 구성된 이성적 존재자에 의해서 의식될 수 있는지 여부에 대해 우리는 어떠한 확정된 지식도 가지고 있지 않다. 따라서 인격적 자기의식이 인간이 아닌 다른 이성적 존재자에게 귀속될 수 있는 가능성이 칸트에게서 열린 상태로 남아 있게 된다. 이러한 의미에서 칸트의 통각 이론을, 인간의 지능을 포함해 인간의 복잡한 심적 상태를 정보 처리 체계로서 온전히 구현할 것으로 상상되는 강인공지능이 출현할 수 있는 가능성을 반박할 논거로 활용하는 것은 적절하지 않다.

칸트의 통각 이론과 설의 의식 이론 비교

칸트의 의식 이론을 왜 강인공지능의 가능성을 부정하는 논거로 활용하기 어려운가와 관련해, 칸트의 통각 이론이 존 설(John R. Searle)의 생물학적 자연주의에 기반한 의식 이론과 어떻게 구분되는가를 살펴볼 수 있다. 설은 그의 생물학적 자연주의에 따라 심적 상태가 생물학적 뇌의 뉴런들 사이에서 일어나는 물리적 과정으로부터 기인하는 것으로 이해한다. 그의 유명한 중국어 방(Chinese room) 논변은 컴퓨터 혹은 인공지능 시스템이 아무리 정교하고 복잡하게 진행된다 하더라도, 그러한 시스템이 인간이 가진 것과 같은 생물학적 뇌에 의존하는 의식을 결여하는 한, 지능을 가진 것으로 볼 수 없다고 본다. 가령 중국어를 알지 못하며 영어만 할 수 있는 사람이, 그가 수행해야 할 과제의 규칙이 영어로 적힌 책과 그가 이해하지 못하는 여러 기호가 적힌 종이 더미가 있는 방에 들어간다고 가정해 보자. 그가 이해할 수 없는 중국어 문장이 적힌 종이쪽지가 있는 방 안에 들어오게 되면, 그는 책에 적힌 규칙에 따라 종이 더미에서 해당 기호를 찾아, 역시 책에 적힌 규칙에 따라 빈 종이쪽지에 기호를 그려 방 밖으로 내보내는 작업을 한다고 가정해 보자. 방 밖에서 보면, 이 방은 입력된 중국어 문장에 대해 유창하게 중국어로 응답할 수 있는 체계를 갖춘 것처럼 보일 것이다. 그러나 우리가 볼 때, 그 방 안에 있는 사람은 중국어를 이해하지 못한다는 것이 직관적으로 분명하다는 것이다. 설은 자신이 주창한 생물학적 자연주의에 따라, 의식의 속성은 생물학적 뇌의 뉴런을 통해서만 발견되며, 컴퓨터의 트랜지스터나 로봇의 인공지능 시스템을 통해서는 발견될 수 없다고 주장한다.

그러나 의식의 특징을 왜 생물학적 뇌의 뉴런들에만 의존하는 것으로 여겨야 하는지는 분명하지 않다. 의식의 특징을 경험적으로 관찰 가능한 뇌의 속성에서 기인하는 것으로 환원하고자 하는 시도는, 의식의 특성이 객관적으로 관찰되거나 측정될 수 있는 값을 가지는 것이 아니라는 점과 중요한 긴장 관계에 있다. 가령 뇌의 구조, 뉴런의 구성, 뇌세포의 화학적 특징, 뇌파의 움직임 등에 대한 상세한 기술을 나열한다 하더라도, 그로부터 우리가 의식이나 사유라고 부르는 것이 실제로 도출되는지는 여전히 심리 철학과 형이상학에서 주요한 논쟁 대상이다.

참고로 설에 따르면, 물리적 환원은 인과적 환원과 존재론적 환원 두 가지 다른 것을 의미할 수 있고, 설 자신의 생물학적 자연주의는 인과적 환원을 의미하며, 존재론적 환원은 의미하지 않는다. 먼저, 의식이 뇌의 생물학적 과정들로 인과적으로 환원 가능하다는 것의 의미를 설은 다음과 같이 설명한다.

> 의식은 뇌의 과정들로 인과적으로 환원 가능한데, 왜냐하면 의식의 모든 특징은 뇌에서 일어나고 있는 신경 생물학적 과정에 의해 인과적으로 설명되기 때문이며, 또한 의식은 그 밑에 놓여 있는 신경 생물학의 인과적 힘들 이외에는 그것 자신만의 어떠한 인과적 힘도 가지고 있지 않기 때문이다(Searle, 2008: 155).

그런데 설은 의식이 인과적으로 뇌의 활동들로 환원된다는 것을 주장하면서도, 그것이 존재론적 환원으로는 이어지지 않는다고 주장한다.

> 그러나 의식의 경우에, 인과적 환원 가능성은 존재론적 환원 가능성으로 이어지지 않는다. 의식이 뉴런 점화(neuron firings)에 의해 인과적으로 전적으로 설명된다는 사실로부터, 가령 의식이 단순히 뉴런 점화에 불과하다는 것이 도출되지 않는다. 왜 도출되지 않는가?…그것[의식]은 어떤 인간이나 동물에 의해 경험되는 대로만 존재하고, 따라서 3인칭 존재론을 가진 어떤 것으로, 즉 경험과 독립적으로 존재하는 어떤 것으로 존재할 수 없다(Searle, 2008: 155-156).

이와 관련하여, 그의 그러한 생물학적 자연주의는 심

신 관계에 대한 하나의 형이상학적 주장을 제시하는 것으로 이해하는 것이 적절해 보인다. 가령 스튜어트 러셀(Stuart Russell)과 피터 노빅(Peter Norvig)은 설의 생물학적 자연주의에 대해 다음과 같이 설명한다.

> 설은 **생물학적** 자연주의(biological naturalism)의 주창자이다. [Searle, 1980]에서 설은 정신 상태(mental state)는 **뉴런들에서 일어나는** 저수준 물리적 과정들에서 창발한 고수준 특징이며, 중요한 것은 뉴런의 속성들(구체적으로 어떤 속성인지는 명시하지 않았다)이라고 말했다. 설의 편향된 의견에 따르면 뉴런에는 "그것(it)"이 있지만 트랜지스터에는 없다. 설의 이러한 주장을 여러 사람이 다양하게 반박했으나, 어떤 공통된 합의는 없었다(Russell & Norvig, 2021: 417).

설에 따르면, 고수준 특징인 의식의 특성은 객관적으로 관찰되거나 측정할 수 있는 값을 가지는 것으로 환원될 수 없다. 그러나 종국에 그러한 특성은 생물학적이고 물리적인 뇌의 특성들로부터 창발한다는 것으로 보아야 한다는 것이다. 그러나 저수준의 생물학적 특징으로부터 고수준의 의식적 특징이 어떻게 창발할 수 있는가에 대한 정확한 메커니즘은 현재까지 밝혀진 바 없다. 따라서 의식의 특징이 반드시 생물학적 뇌의 특성으로부터 창발해야 한다는 설의 주장은 심신 관계에 대한 객관적 기술이라기보다는, 하나의 형이상학적 주장에 가깝다고 보는 것이 적절할 것이다.

러셀과 노빅은 의식을 뇌의 뉴런에서 일어나는 생물학적이고 물리적인 과정으로 환원하고자 하는 설의 시도를 다음과 같이 비판한다.

> 설의 논증은 사람이 뭔가를 진정으로 이해할 수 없다는 주장(어쩌면 로봇이 제기할 수도 있다)에도 그대로 적용된다. 어차피 인간은 세포로 이루어지는데 세포는 이해력이 없으므로 인간은 아무것도 이해하지 못한다. 사실 이것은 테리 비슨의 과학소설 『그들은 고기로 만들어졌다(They're Made out of Meat)』(Bisson, 1990)의 플롯이다. 이 소설에서 지구를 탐사하는 외계 로봇들은 고기 덩이로 이루어진 인간이 지각력을 가진다는 점을 쉽사리 믿지 못한다. 인간이 어떻게 그럴 수 있는지는 미스터리로 남는다(Russell & Norvig, 2021: 2권 417).

'사고하는 나'에 대한 칸트의 이론은 그와 같은 비판으로부터 자유롭다. 칸트는 '사고하는 나'가 생물학적 뇌에서 일어나는 뉴런들 사이의 물리적 작용과 같은 객관적인 특징들로 환원될 수 없는 것은 물론, 그 밖에 어떤 다른 객관적인 속성을 가지는 것으로 기술할 수 없다는 것을 주장한다. 칸트는 오히려 생각하는 나에 대한 어떠한 객관적 인식도 가지고 있지 않다는 "나 자신의 무지를 자유롭게 고백"(A383)하는 것에 머무르고자 한다. 필자가 이해하는 칸트의 자기의식 이론에 따르면, 우리의 심적 상태를 온전하게 구현하는 정보 처리 시스템으로서의 강인공지능이 출현할 수 있는지 여부 역시 확정적으로 긍정되거나 부정될 수 없는 것으로 남는다.

물론 인격이나 그것이 전제하는 자기의식이 객관적 인식의 대상이 될 수 없다 하더라도 그러한 표상이 "경험 대상을 겨냥"(B421)하여 적용되는 것이며, 스스로를 인격으로 의식하는 인간은 동시에 "자신을 감성계의 구성원으로"(4:454) 본다는 것은 사실이다. 그러나 이것으로부터 자기의식을 전제하는 인격이 적용되는 경험적 존재자 혹은 감성계 구성원의 범위가 인간종으로 국한되어야 한다는 결론이 도출되지는 않는다. 이 점은 아래에서 더 살펴볼 것처럼 인격 표상의 실천적 함축과 관련된 자유의 이념을 검토함으로써 더욱 분명하게 드러날 수 있다.

참고문헌

Kant, I.(1781/1787). *Kritik der reinen Vernunft.* In *Kant's gesammelte Schriften.* hrsg. von der Königlich Preuß ischen Akademie der Wissenschaften, Berlin und Leibzig, 1902~, Band 4. 백종현 옮김(2017). 『순수이성비판』. 아카넷.

Russell, S. & Norvig, P.(2020). *Artificial intelligence: A modern approach*(4th Edition). Pearson Educations, Inc.. 류광 옮김(2021). 『인공지능: 현대적 접근방식 1·2』. 제이펍.

Searle, J. R.(1980). Minds, brains, and programs. *Behavioral and Brain Sciences, 3*(3), pp.417-457.

Searle, J. R.(2008). *Philosophy in a new century: Selected essays.* Cambridge: Cambridge University.

08
자율성과 AI

AI 인격체의 가능성은 자율성에 대한 칸트의 이론을 통해 논박되기 어렵다. 자유에 대한 칸트의 논의는 자기 스스로 정립한 목표와 법칙에 따라 행위할 수 있는 가능성이 생물학적 인간종에만 배타적으로 귀속되어야 할 필요는 없다는 점을 시사한다. 이 우주 안에서 인간만이 자율적으로 행위하고 자신의 행위를 책임질 수 있는 유일한 존재자라는 가정은 증명되지 않은 하나의 형이상학적 가설에 불과하다.

AI와 한의학?

자유의 이념

인격에 대한 칸트의 관점을 인간 중심주의적인 것으로 특징짓고 강인공지능의 출현 가능성을 원천적으로 배제할 논거로 활용하는 것이 적절하지 않은 두 번째 이유는 다음과 같다. 칸트는 도덕적 인격이 핵심적으로 전제하는 자유의 능력을 인간종이 아니라 그보다 더 넓은 범위일 이성적 존재자 일반에 귀속한다. 칸트는 『도덕형이상학』에서 다음과 같이 말한다.

> **인격**은 자신에게 자신의 행위를 **귀속**할 수 있는 주체다[Person ist das jenige Subject, dessen Handlungen einer Zurechnung fähig sind]. (심리적 인격성은 단순히 자기 존재의 서로 다른 상태들 안에서 자기의 동일성에 대해 의식할 수 있는 능력인 반면) **도덕적** 인격성은 도덕 법칙하에 있는 이성적 존재자의 자유 외의 다른 것이 아니다. 이로부터 인격은 다른 법칙이 아닌 그가(혼자서 또는 적어도 다른 이들과 함께) 그 자신에게 처방하는 법칙에 종속된다는 것이 도출된다[…](6:223, 필자 번역).

인격적 주체는 자신이 정립한 도덕 법칙에 따라 자신의 행위를 규정하고 그에 대한 책임 또한 자기 자신에게 귀속할 수 있는 자유의 능력을 갖추고 있다. 그런데 칸트는 도덕형이상학을 위한 기초 놓기에서 그러한 자유가 단순히 인간 존재자에게 귀속되는 것이 아니라, 이성적 존재자 일반에 귀속되는 것이라고 말한다. 칸트에 따르면 "인간이라면 누구나 경험한다고 생각되는 어떤 것을 통해 자유를 입증하는 것은 충분치 않"을 뿐 아니라 "절대로 불가능"하다(4:447-448). 오히려 칸트는 "자유가 의지를 갖춘 이성적 존재 일반의 활동성"으로 여겨져야 한다고 주장한다(4:448). 이성적 존재자는 단순히 경험적 충동이나 물리적 인과 관계에 의해 결정되는 존재가 아니라 자신의 행위 원칙을 창시하는 능력을 가지고 있는 존재다. 그러한 자유의 능력을 인간의 신체를 가진 존재뿐 아니라, 이성적 존재자 일반에 속하는 것으로 생각해야 하는 이유는, 그것이 도덕적 행위의 가능성과 행위에 대한 도덕적 평가의 가능성을 뒷받침하는 이념이기 때문이다.

실로 칸트는 인격 표상이 경험적 대상에 실제로 적용될 때만 실천적 효용을 가진다고 주장하면서도, 그것의 원리는 "자유의 이념으로서 지성계의 구성원의 관점"(4:455)으로부터 취해진 것으로 보아야 한다는 것을 주장한다. 즉, 칸트에게서 도덕적 인격의 원리는 이성적 존재자의 관점을 취하여 경험 세계 내 인간종에게 적용되지만, 그러한 인격의 원리는 인간종만이 누리는 관점으로부터 취해진 것으로 생각되지 않는다. 따라서 칸트에게 인격의 표상은 인간종이 아닌 감성계의 다른 구성원에게 적용될 가능성이 열려 있는 것으로 남아 있다.

칸트는 실로 『이성의 한계 안에서의 종교』의 제1논고에서 인간성과 인격성을 구분한다. 칸트에 따르면 인간이 곧 인격적 존재거나, 인격적 존재가 곧 인간인 것이 아니라, 인격성은 인간이 자신의 자연 본성 안에 가지고 있는 한 가지 소질이다. 칸트에 따르면 보다 구체적으로, 인간은 자신의 자연 본성 안에 동물성, 인간성, 인격성의 세 가지 근원적 소질을 가지고 있다. 동물성은 인간이 생명체로서 가지는 순전히 기계적이며 물리적인 소질로서, 이러한 소질로 인해 인간은 자기 자신과 후세의 보존, 그리고 타인과 함께 생활하고자 하는 충동을 가지게 된다. 인간성은 자신과 타인을 비교하며 자신의 이익을 도모하는 이성에 기반해 있다. 이러한 인간성의 소질은 우리 자신의 행위 규정에 영향을 미치지만, 스스로 목적이나 법칙을 정립하는 이성이 아닌 이미 정립된 동기에 수단으로 활용되는 이성에 기반해 있다. 마지막으로 인격성이야말로 도덕적 행위 귀책 능력과 직접적으로 관련되는 이성에 기반해 있다. 인격성은 "그 자체로 실천적인, 다시 말해 무조건적으로 법칙 수립적인 이성을 그 뿌리로 갖는다"(6:28). 칸트에 따르면, 우리가 도덕 법칙에 대한 존경을 충분한 동기로 삼아 인격성의 소질이 동물성과 인간성의 소질을 이끌도록 결단할 때, 인간은 비로소 이성적 존재자의 자유를 누리는 인격적 존재가 될 수 있다. 이러한 인격적 존재가 되는 것은, 모든 인간이 단순히 인간이기 때문에 달성하는 것이 아니다. 그것은 물리적으로 평안한 상태를 욕구하는 우리 자신의 동물성의 소질과, 그러한 욕구를 충족하기 위해 이익을 계산하는 이성에 기반한 인간성의 소질을, 도덕 법칙에 대한 존경만을 준칙 채택의 충분한 동기로 삼는 인격성의 소질에 종속할 때 달성되는 것이다. 참고로 이와 관련하여, 이성적 사유 능력이나 도덕적 행위 능력을 결여한 어린 아이들이나 의사 무능력자에게 인격의 지위를 부여하지 않는 것이 비윤리적일 수 있다는 반론이 제기될 수 있다. 가장자리 경우 논변(argument from marginal cases)이라 부르는 해당 반론에 대한 답변은 이 책의 10장에 제시했다.

윤리적인 강인공지능의 가능성

실제로 윤리적 주체로서 자율적으로 행위할 수 있는 강인공지능의 가능성에 대해 상반된 주장이 제시되고 있으며, 이를 비추어 볼 때 도덕적인 인격체로 기능할 수 있는 강인공지능이 실제로 실현될 수 있는지 여부는 현재까지 열린 질문으로 남아 있는 것으로 보는 것이 적절할 것이다. 가령 웬델 월러치(Wendell Wallach)와 콜린 앨런(Colin Allen)은 '기능적 도덕' 개념과 '완전한 도덕 행위' 개념을 구분하는데, 전자에 속하는 인공 기계는 제한된 자율성과 가치에 대한 제한된 민감성만을 갖출 것으로 논의되는 반면 후자에 속하는 인공 기계는 "고도의 자율성과 가치에 대한 고도의 민감성을 갖추고 신뢰할 만한 도덕적 행위자로 행동할 수 있는 시스템"(Wallach & Allen, 2014: 50)일 것으로 상상된다. 제임스 무어(James Moor) 역시 비슷하게 명시적인 윤리적 행위자와 완전한 윤리적 행위자 개념을 구분한다. 전자에는 "윤리적 범주를 사용해 윤리에 관해 사고"하는 기능이 "내부적 프로그래밍의 일부로" 장착된 인공 시스템이, 후자에는 "명시적인 도덕적 판단을 내릴 수 있으며 일반적으로 그런 결정을 정당화하는 데도 능한 기계"가 속할 것으로 논의된다(Wallach & Allen, 2014: 62). 월러치와 앨런은 완전한 도덕 행위 개념이 적용될 수 있는 인공 시스템의 개발 가능성에 대해 회의적이며, 무어 역시 완전한 윤리적 행위자보다는 "명시적인 윤리적 행위자가 기계 윤리라는 신흥 분야의 목표가 돼야"(Wallach & Allen, 2014: 62-63)한다고 주장한다. 그러나 가치에 대한 고도의 민감성과 명시적인 도덕적 판단에 기반하여 행위를 자유롭게 선택하고 그에 대한 정당화 역시 제시할 수 있을 것으로 상상되는 강인공지능의 가능성을 적극적으로 긍정하는 학자들도 있다. 가령 닉 보스트롬(Nick Bostrom)은 "인간에게서 발견되는 모든 기술과 재능뿐만 아니라 인간이 가지지 못한 능력까지도 가질 수 있"(Bostrom, 2017: 172)는 인공지능 시스템으로서 "인간 수준의 지능보다 훨씬 더 발전한 존재"(Bostrom, 2017: 173)가 출현할 가능성을 적극적으로 검토한다. 레이 커즈와일(Ray Kurzweil) 역시 인간 수준의 지능을 갖춘 인공지능의 출현과 "언젠가 인간 지능을 초월"하게 될 강한 인공지능의 출현이 필연적이라고 주장한다(Kurzweil, 2007: 356, 44-45).

자유의 이념과 AI 인격의 가능성

이와 같이 논의되고 있는 강인공지능의 가능성과 관련

해 이 책의 7장과 8장의 내용을 종합하면 다음과 같이 말할 수 있다. 칸트는 인격적 존재자에게 귀속되어야 할 자기의식이 객관적 인식의 대상이 될 수 없다고 주장하기 때문에, 인격 표상이 적용되어야 할 경험적 존재자의 범위에 대한 객관적 지식 역시 주장하지 않는다. 칸트는 또한 인간성과 인격성을 종종 구분하며, 도덕적 인격이 갖추어야 할 자유의 능력이 생물학적 인간종에 배타적으로 귀속되는 것이 아니라 이성적 존재자 일반에 귀속되어야 하는 것으로 생각한다. 따라서 필자가 생각하기에, 서로 다른 시간에 걸쳐 자신의 동일성을 의식할 수 있을 뿐 아니라, 스스로 도덕 법칙을 정립하며 행위하는 강인공지능이 출현하는 경우 칸트적 관점에서 그러한 존재를 인격적 주체라고 부를 수 있다.

참고문헌

Bostrom, N.(2017). *Superintelligence: Paths, dangers, strategies.* Oxford: Oxford University Press. 조성진 옮김(2017). 『슈퍼인텔리전스: 경로, 위험, 전략』. 까치.

Kant, I.(1781/1787). *Kritik der reinen Vernunft.* In *Kant's gesammelte Schriften.* hrsg. von der Königlich Preuẞischen Akademie der Wissenschaften, Berlin und Leibzig, 1902~, Band 4. 백종현 옮김(2017). 『순수이성비판』. 아카넷.

Kant, I.(1785). *Grundlegung zur metaphysik der sitten.* In *Kant's gesammelte Schriften.* hrsg. Königlich Preußischen Akademie der Wissenschaften, Berlin und Leibzig, 1902~, Band 4. 이원봉 옮김(2019). 『도덕형이상학을 위한 기초 놓기』. 책세상.

Kant, I.(1792). *Die religion innerhalb der grenzen der bloßen vernunft.* In *Kant's gesammelte Schriften.* hrsg. Königlich Preußischen Akademie der Wissenschaften, Berlin und Leibzig, 1902~, Band 6. 백종현 옮김(2015). 『이성의 한계 안에서의 종교』. 아카넷.

Kant, I.(1797). *Die Metaphysik der Sitten.* In *Kant's gesammelte Schriften.* hrsg. Königlich Preußischen Akademie der Wissenschaften, Berlin und Leibzig, 1902~, Band 6. 이충진 · 김수배 옮김(2018). 『도덕형이상학』. 한길사.

Kurzweil, R.(2006). *The singularity is near: When humans transcend biology.* Penguin Books. 김명남 · 장시형 옮김(2007). 『특이점이 온다: 기술이 인간을 초월하는 순간』. 김영사.

Wallach, W. & Allen, C.(2010). *Moral machine: Teaching robots right from wrong.* New York, NY: Oxford University Press. 노태복 옮김(2014). 『왜 로봇의 도덕인가』. 메디치.

09
종 주의 대 로고스 중심주의

인격에 대한 칸트의 관점은 이성적 가치를 우선시한다는 점에서 종 주의적 접근이라기보다는 로고스 중심주의로 특징지어져야 한다. 인격에 대한 칸트의 로고스 중심주의적 접근은 우리가 인격 개념을 사용할 때 염두에 두고 있는 도덕적 · 법적 관심사를 일관되게 설명할 수 있다. 그러한 칸트적 관점에 따르면, 이성적으로 사유하며 도덕적으로 행위할 수 있는 강인공지능이 출현하는 경우 해당 AI에 인격체의 지위를 부여하는 것이 가능할 것이다.

AI와 화장품?

칸트와 인간 중심주의

인격에 대한 칸트의 관점이 종 주의적이지 않다는 앞선 논의에도 불구하고, 인격에 대한 칸트의 관점이 인간 중심주의적이라는 의구심을 갖게 하는 구절이 칸트의 저작에서 종종 발견되는 것은 사실이다. 가령 『순수이성비판』의 초월적 변증학 제2권에서, 칸트가 도덕적 행위 귀책 능력을 포함하는 이성적 능력을 가진 존재를 인간으로 국한하는 구절이 다음과 같이 발견된다.

> 이 세계의 생물에 있어서 이성이, 어느 기관도, 어느 능력도, 어느 충동도 불필요한 것은 없으며, 바꿔 말해 그것을 사용하는 데 불균형적인 것, 그러니까 비합목적적인 것은 없고, 오히려 모든 것은 생에서 각기의 사명에 정확히 합치한다는 것을 원칙으로 받아들일 수밖에 없는 그런 생물의 **자연본성과 유추해서** 판단할 때, 인간만이 이 모든 피조물의 궁극 목적을 자신 안에 가질 수 있는 자이고, 저런 피조물로부터 예외가 되는 유일한 피조물임에 틀림없을 것이다.
> 무릇 인간의 소질은, 단지 그의 재능과 그것을 사용할 충동들의 면에서뿐만이 아니라, 특히 그의 도덕 법칙은 그것들로부터 그가 이생에서 얻을 수도 있을 것인 모든 효용과 이익을 훨씬 넘어선다(B425).

또한 잘 알려졌듯이, 칸트는 『도덕형이상학을 위한 기초 놓기』에서 정언 명법의 인간성 정식을 통해 인간성을 단순히 수단으로서만이 아니라 목적 그 자체로서 대우해야 한다는 것을 다음과 같이 주장한다. "네 인격 안의 인간성뿐만 아니라 모든 사람의 인격 안의 인간성까지 결코 단지 수단으로만 사용하지 말고, 언제나[수단과] 동시에 목적으로도 사용하도록 그렇게 행위하라."(4:429)

칸트의 로고스 중심주의

그러나 앨런 우드(Allen W. Wood)에 따르면, 칸트가 "인간성을 목적 그 자체로 대우"해야 한다고 주장할 때 "'인간성'은 어떤 특정 생물학적 종에서의 구성원임을 지칭하지 않"으며, "이성에 따라 목적을 설정할 수 있는 능력을 의미하기 위해, 전문적인 의미로 사용"(Wood, 1998: 189)되고 있는 것으로 이해해야 한다. 실로 정언 명법의 인간성 정식이 제시되기 바로 이전 문장에서, 칸트는 인간성을 목적 그 자체로 대우해야 하는 이유로 인간이 자신의 현존을 이성적인 본성에 기반해 있는 것으로 생각한다는 점을 제시한다.

이성적인 본성은 목적 그 자체로 존재한다. 인간은 자기 자

> 신의 현존을 이런 식으로 생각할 수밖에 없다. 그렇게 생각하는 한, 그것은 인간이 행위할 때의 **주관적** 원칙이기도 하다. 그런데 다른 모든 이성적인 존재 역시 나에게 적용되는 바로 그 이성에 근거해서, 자기가 있다는 것을 목적 그 자체로 생각한다[표상한다]. 그러므로 그 객관적인 원칙이고, 최상의 실천적인 근거이므로 의지의 모든 법칙이 이것에서 도출될 수 있다(4:429).

칸트가 '인간성'에 귀속하는 이러한 전문적인 의미를 염두에 둔다면, 앞서 인용한 구절은 생물학적 인간종만이 인격적 존재자일 수 있다는 종 주의적 인간 중심주의를 함축하는 것으로 해석하기 어렵다. 실로 우드가 지적하듯이, 칸트의 인간 중심주의는 오히려 "이성적 본성만이 절대적이며 무조건적인 가치를 가진다는 생각에 기초"(Wood, 1998: 189)해 있다는 의미에서 그것을 로고스 중심주의(logoscentrism)로 특징지을 수 있다(Wood, 1998: 189, 191). 우드는 더 나아가 칸트가 "다른 행성에 이성적 존재자가 있을 가능성에 대해 꽤 그럴듯하게 생각했다"는 점을 지적한다(Wood, 1998: 189). 실로 칸트는 '일반 자연사와 천체이론 또는 뉴턴의 원칙에 따라 다룬 우주 전체의 구조와 기계적 기원에 관한 시론'

중 “여러 행성의 거주자에 관하여”라고 명명한 부록에서, 다른 천체에 “사고하는 존재자”(1:352)가 거주하거나 거주하게 될 가능성에 대해 논한 바 있다.

오노라 오닐(Onora O'Neill) 역시 “칸트는 단순히 특정 동물종, 즉 인간의 특권적 지위를 전제하지 않는다”(O'Neill, 1998: 212)는 것을 지적하며, 칸트 철학의 “시작점과 결론은 종종 가정하는 것보다 덜 종 주의적”이라고 주장한다(O'Neill, 1998: 211).

이와 비슷한 취지에서 강철 역시 “인간만이 우주에서 지금까지 발견된 유일한 이성적 존재자이기 때문에 인간만이 자율적인 존재이며 책임의 의무의 주체라고 칸트가 말하고 있”는 것이며, “칸트는 인공지능이 이성적 존재자인 한 자율적 존재이며 책임이나 의무의 주체가 될 수 있다는 데 기꺼이 동의할 것 같다”고 지적한다(강철, 2018: 228).

미래에 이성적 사유와 행위 귀책 능력을 갖춘 것으로 상상되는 강인공지능이 출현하게 된다면, 칸트의 위와 같은 로고스 중심주의는 로봇에게 인간이 누리는 것과 유사한 권리를 부여할 근거로 활용될 수 있을 것이라는 점에서, 전자 인격의 가능성이나 인공지능이 도덕적인 행위자가 될 수 있는지를 연구하는 문헌이 종종 인격에 대한 칸트의 관점을 단순히 종 주의적인 인간 중심주의로 특징짓는 것은 의아한 측면이 있다. 가령 인공지능 로봇을 윤리적 고려의 대상 안으로 포함할 것을 적극적으로 고려하며 칸트의 의무론적 윤리학에 비판적인 마크 코켈버그(Mark Coeckelbergh)조차 칸트의 규범 윤리학을 종 주의적 인간 중심주의에 기반한 것으로 이해하지 않는다. 코켈버그는 오히려 로봇에게도 도덕적 권리를 부여해야 한다고 주장하는 이들이 칸트의 의무론적 윤리학에 기반하여 도덕적 일관성 논제를 활용할 수 있을 것이라는 점을 언급한다. 그러한 논제에 따르면, "만일 (미래에) 로봇이 합리성과 의식과 같은 특성을 인간과 공유하는 것으로 드러난다면, 그리고 만일 우리가 이러한 특성을 인간이 가지는 권리의 토대인 것으로 여긴다면, 그러한 권리를 인간들에게 제한"(Coeckelbergh 2010: 211)하는 것은 도덕적 일관성을 위배하는 일일 것이라는 것이다.

코켈버그의 비판과 그에 대한 답변

코켈버그는 인격에 대한 칸트의 관점이 종 주의적 인간 중심주의에 기반한 것으로 생각하지 않지만, 칸트의 의무론적 윤리학이 전통적인 존재론이나 신학적 관점과 비슷한 형이상학적 부담을 가지고 있는 것으로 이해한다. 코켈버그에 따르면, 칸트는 한 대상이 도덕적 고려의 대상이 될 수 있는지의 여부가 해당 대상이 합리성과 의식과 같은 "존재론적 특성(ontological features)" (Coeckelbergh, 2010: 212)을 가지고 있는지에 달려 있는 것으로 생각했다. 코켈버그에 따르면, 칸트는 그러나 왜 다른 존재론적 특성이 아니라 합리성과 의식과 같은 존재론적 특성이 도덕적 고려에서 중요한 것으로 결정되어야 하는지에 대한 적절한 설명을 제시할 수 없다. 코켈버그는 더 나아가, 사실에 대한 존재론적 설명은 도덕적 고려의 문제를 다루는 당위적 설명과는 구분되는 것이기에, 가령 인간이 합리성과 의식을 갖춘 존재라는 사실을 인정한다 하더라도 이로부터 인간이 도덕적 고려의 대상이 되어야 한다는 당위적 주장은 도출되지 않는다는 것을 지적한다. 코켈버그에 따르면, 인간이나 로봇의 존재론적 특성으로부터 도덕적 지위를 결정하려는 시도는 또한 "어떻게 관계와 사회적 전체 (내의 변화)가 도덕적 고려 (내의 변화)에 적어도 기여"(Coeckelbergh, 2010: 213)하는지를 설명할 수 없다는 점에서도 문제적이다. 그러나 필자가 생각하기에, 칸트는 인격에 귀속되는 존재론적 특징에 대한 객관적 인식으로부터 인격적 존재자가 도덕적으로 고려되어야 한다는 것을 주장하는 것이 아니다. 칸트는 오히려 도덕적 행위의 가능성과 행위에 대한 도덕적 평가의 가능성을 옹호해야 하는 당위적 필요로부터 합리적이고 자유로운 인격에 대한 표상으로 이행한다는 점에서 위와 같은 비판은 설득력이 부족하다. 즉, 필자가 이해하기에 칸트는 우리가 대상을 객관적으로 인식할 수 있다는 가능성을 폐기하지 않을 것이라면 우리는 우리 자신에게 이성적 사유 능력을 귀속해야만 한다는 것을 주장한다. 또한 칸트에 따르면, 우리가 인간의 행위에 대해 도덕적 칭찬이나 비난과 같은 가치 평가를 내리는 것이 가능하다는 우리의 실천적 관심을 포기하지 않을 것이라면, 우리는 자유의 능력을 인간에게 귀속해야만 한다.

참고문헌

강철(2018). 자율성에 대한 개념적 분석: 인공지능의 자율성을 위하여. ≪과학철학≫, 213-234쪽.

Coeckelbergh, M.(2010). Robot rights? Towards a social-relational justification of moral consideration. *Ethics and Information Technology, 12*, pp.209-221.

Kant, I.(1755). Allgemeine naturgeschichte und theorie des himmels: oder versuch von der verfassung und dem mechanischen ursprunge des ganzen weltgebäudes nach newtonischen grundsätzen abgehandelt. In *Kant's gesammelte schriften.* hrsg. Königlich Preu ß ischen Akademie der Wissenschaften, Berlin und Leibzig, 1902~, Band 1. 이남원 옮김(2021). 일반 자연사와 천체이론 또는 뉴턴의 원칙에 따라 다룬 우주 전체의 구조와 기계적 기원에 관한 시론. 『비판기 이전 저작 I(1749~1755)』(257-424쪽). 한길사.

Kant, I.(1781/1787). *Kritik der reinen Vernunft.* In *Kant's gesammelte Schriften.* hrsg. von der Königlich Preu ß ischen Akademie der Wissenschaften, Berlin und Leibzig, 1902~, Band 4. 백종현 옮김(2017). 『순수이성비판』. 아카넷.

Kant, I.(1785). *Grundlegung zur metaphysik der sitten.* In *Kant's gesammelte Schriften.* hrsg. Königlich Preu ß ischen Akademie der Wissenschaften, Berlin und Leibzig, 1902~, Band 4. 이원봉 옮김(2019). 『도덕형이상학을 위한 기초 놓기』. 책세상.

Wood, A. W. & O'Neill, O.(1998). Kant on duties regarding nonrational nature. *Proceedings of the Aristotelian Society,* supplementary volumes 72, pp.189-228.

10
약인공지능에 대한 윤리적 고려

인격에 대한 로고스 중심주의적 접근은 약인공지능에 머물러 있는 AI를 윤리적 고려의 대상 안에 포함하는 논변 역시 제공할 수 있다. 인간 중심주의적 편견에서 벗어나 있으며, 도덕적 · 법적 책임을 귀속할 수 있는 인격체에 대한 일관된 설명을 칸트 사상에서 찾아볼 수 있으나, 인격에 대한 칸트의 관점은 또한 AI 인격체가 반드시 출현할 것이라는 확언도 될 수 없다.

종교와 AI?

가장자리 상황과 윤리적 고려 대상의 범위

인격에 대한 칸트의 관점이 종 주의적인 것이 아니라 로고스 중심주의에 기반한다는 것을 분명히 하더라도, 인격에 대한 로고스 중심주의적 접근에 대해서 제기될 수 있는 비판이 있다. 대표적인 비판 중 하나는 환경 윤리에서 종종 가장자리 경우 논변(Argument from marginal cases)이라 일컫는 관점으로부터 제기되는 것으로, 그 내용은 다음과 같다. 만일 로고스 중심주의에 따라 인간의 인격적 지위가 인간이 가지고 있는 이성적 본성에 기초해 있는 것으로 보아야 하는 것이라면, 가령 아직 합리적으로 사유하거나 행동할 수 없는 어린아이나 노화나 질병, 사고 등으로 이성적 판단 능력과 도덕적 행위 능력을 상실한 사람은 인격적 존재자의 범주로부터 배제되어야 할 것인데 그것은 인격에 대한 비일관적이거나 비윤리적인 관점일 것이라는 것이다(Coeckelbergh, 2010: 212 참조). 필자가 생각하기에 그러한 비판에 다음 두 가지 고려 사항을 통해 답변할 수 있다.

첫째, 해리 프랭크퍼트(Harry G. Frankfurt)가 지적하듯, 인격 개념이 단순히 인간종을 생물학적으로 분류하는 맥락에서가 아니라 어떤 대상의 법적 · 도덕적 지위 규정과 관련하여 논의되어 왔다는 점을 고려할 때

(Frankfurt, 1971: 6), 이성적 사유 능력이나 도덕적 행위 능력을 결여한 어린아이나 의사 무능력자를 법적 · 도덕적 역량을 갖춘 인격적 주체의 범주로부터 제외하는 것은 필자가 생각하기에 그리 문제적이지 않다. 실제로 우리 민법은 미성년자의 법률 행위는 법적 대리인의 동의를 통해서 이루어져야 한다는 것을 명시함으로써 어린아이를 포함하는 미성년자가 법적 주체로서 가질 수 있는 의무와 권한을 제한하고 있으며, 우리 사회가 의사 무능력자의 법률 행위를 인정하지 않는다는 점은 다수의 판례를 통해서도 입증된다. 실로 우드가 지적하듯, 우리가 인격의 성립 요건을 단순히 종 주의적 편견에 기초해 제시할 것이 아니라면, "몇몇 인간 존재자는 말 그대로 인격이 아니라는 관점(the view that some human beings are literally nonpersons)"(Wood, 1998: 199)을 받아들여야 할 것으로 보인다. 인공적 도덕 행위자(artificial moral agent, AMA)의 가능성을 모색하는 웬델 월러치(Wendell Wallach)와 콜린 앨런(Colin Allen) 역시 인간이 "명시적인 도덕적 판단"을 내리고 "일반적으로 그런 결정을 정당화"하는 능력을 결여하는 경우, "그 사람의 도덕적 행위의 타당성 및 법적 책임이 의심을 받"(Wallach & Allen, 2014: 62)을 것이라고 지적한 바

있다. 월러치와 앨런에 따르면 기계든 사람이든 좋은 도덕적 행위자가 되기 위해서는 "피해의 가능성 내지 의무의 태만을 감지해 그런 바람직하지 않은 결과를 피하거나 최소화할 수 있어야 한다."(Wallach & Allen, 2014: 34)

둘째, 칸트의 관점에 따라 어린아이나 의사 무능력자를 법적 · 도덕적 역량을 갖춘 인격적 주체의 범위로부터 배제한다 할지라도, 칸트적 로고스 중심주의는 어린아이나 의사 무능력자를 여전히 도덕적 고려의 대상 안에 포함할 수 있는 논변을 제공할 수 있다. 가령 우드는 칸트의 로고스 중심주의에 따르면, 어린이가 장차 이성적 존재자로 성장할 수 있는 잠재성에 대해 무관심한 것이나, 어린아이를 "단순한 사물로" 혹은 이성적인 성인들이 가지는 "목적을 위한 단순한 수단으로" 대하는 것은 이성적 본성에 대한 참된 존중이 아닌 "경멸을 보여" 주는 일일 것이라고 지적한다(Wood, 1998: 198). 실로 칸트는 자신의 교육학 강의에서 "인간은 오직 교육에 의해서만 인간이 될 수 있다"(9:443; 『칸트의 교육학 강의』: 47)는 것과 "어린아이는 인간성의 이념과 인간성의 소명 또는 인간의 목적에 합치하는 방식으로 교육되어야 한다"(9:447; 『칸트의 교육학 강의』: 73)는 것을 주장한 바 있다. 이러한 관점에 따르면, 어린이를 선의 이념에 따라 교육하는 일은 실로 "인간 본성의 완전성을 추구하는 위대한"(9:444; 『칸트의 교육학 강의』: 49) 과업과 밀접한 관련을 가지고 있다. 더 나아가 이성적 본성에 대한 존중은 노화나 질병, 사고 등으로 이성적 판단 능력과 도덕적 행위 능력을 상실한 사람에게도 적절한 존중을 표하는 것을 요구할 수 있을 것이다(Wood, 1998: 197). 가령 그들이 과거에 인격적 인간과 맺었던 도덕적인 관계에 대한 감사를 표하는 것은, 이성적 본성에 대한 존중을 표현하는 한 가지 방식일 수 있다.

칸트는 더 나아가 『도덕형이상학』에서 우리가 무생물이나 식물 및 가축과 같은 비이성적 존재자조차 도덕적으로 대우해야 할 간접적인 의무를 진다고 주장한 바 있다. 칸트에 따르면, 인간은 자신과 타인을 포함해 인간 존재자를 인격적으로 대우해야 할 직접적 의무가 있는 한편, 인간은 그 같은 직접적 의무에서 비롯되는 것으로서 비인격적 존재자를 도덕적으로 대우해야 할 간접적 의무를 또한 가지고 있다. 칸트는 가령 인간에게 오랫동안 봉사한 개나 말에게 "(마치 그 가축들이 집안사람인 것처럼) 감사할 줄" 알아야 하며, 동물에게 불필요한 "고통스러운 생체 실험"을 하는 것을 피해야 할 도덕적 의무를 진다고 말한다(6:443). 동물이 불필요한 고통을 겪지 않도록 배려하고, 인간의 삶에 봉사한 동물에게 감사하는 마음을 갖는 것은 인간과 도덕적 관계를 맺기 위해 필요한 선한 소질을 지키기 위해 도움이 된다는 것이다.

간접적 의무에 대한 칸트의 논의를 인공지능의 도덕적 지위 문제에 적용하면, 약인공지능을 도덕적 · 법적 역량을 갖춘 인격적 주체의 범위로부터 배제한다 하더라도 약인공지능을 여전히 도덕적 객체로 고려할 수 있는 근거를 마련할 수 있다. 코켈버그는 실로 간접 의무에 대한 칸트의 논변을 로봇이 "간접적인 도덕적 지위"(Coeckelbergh, 2021: 343)를 가진다는 논변에 적용한 바 있는데, 그는 다시금 도덕적 일관성 논제에 따라 다음과 같이 주장한다. "만일 내가 개에 대한 칸트의 논변을 받아들인다면, 나는 로봇에 대해서도 동일한 간접적 논변을 받아들여야만 한다. 그렇지 않으면 나는 일관되지 않을 것이다"(Coeckelbergh, 2021: 343). 비록 우리가 로봇에 대해 "그것들이 직접적인 도덕적 지위를 갖지 않는 것"(Coeckelbergh, 2021: 342)으로 믿는다 하더라도, "이성적 행위자로서의 인간"과 도덕적 관계를 맺기 위해 필요한 "덕스러운 성품"(Coeckelbergh, 2021:

343)을 해치지 않기 위해서라도, 우리는 가령 로봇을 폭력적으로 다루지 않기로 결정할 수 있다는 것이다.

코켈버그는 간접 의무에 대한 칸트의 논변을 출발점으로 삼아, 그것을 로봇의 간접적인 도덕적 지위에 대한 관계론적 논변으로 확장한다. 나 자신의 평가와 타인의 평가 모두에 의존하는 "인격의 덕스러운 성품"에 대한 고려에서 로봇에게 간접적인 도덕적 지위를 부여할 수 있을 것이라는 것이다(Coeckelbergh, 2021: 343). "예를 들어, 나는 나 자신과 타인에 의해 보여진 것으로서 나의 성품의 잠재적인 부패를 걱정하기 때문에 로봇을 고문하지 않기로 결정할 수 있다"(Coeckelbergh, 2021: 343).

물리적·사회적 상호 작용의 중요성

좋은 도덕적 행위자가 되기 위해서는 물론, 이성적 능력 외에 다른 요소 역시 핵심적으로 요구될 것이라는 지적이 있다. 예를 들어 월러치와 앨런은 "공학자는 감성적 지능, 사교성 그리고 환경과의 역동적 관계가 (로)봇이 사회적 환경에서 훌륭하게 작동하는 데 핵심 요소임을 인식하게 됐다"(Wallach & Allen, 2014: 241)고 지적한다.

이 책에서 이성과 감성의 관계, 그리고 이성 능력의 물리적 체화 과정에 대한 큰 문제를 본격적으로 다루지는 못하지만, 필자가 이해하기에 적어도 칸트적 이성이나 인격 개념이 도덕적 행위를 위해 필요할 물리적 · 사회적 상호 작용을 배제하는 개념으로 해석될 필요는 없다. 칸트는 예를 들어 『이성의 한계 안에서의 종교』에서 "오직 연속적인 활동 작용과 생성[되어 감] 속에서만 선한 인간"(6:48)이 될 수 있다고 주장함으로써 도덕적 원리를 구체적인 삶에 적용하는 것의 중요성을 주장한 바 있으며, 『도덕형이상학을 위한 기초 놓기』에서 "의무라는 개념이 우리의 행위에 대해 의미를 갖고 현실에[실제로] 법칙을 주어야 한다"(4:425)는 것을 타인과 맺은 약속을 준수하고 타인에게 거짓말하지 않는 것과 같은 구체적인 실천의 관점에서 설명한다(4:429-430). 칸트는 또한 『학부들의 다툼』에서 철학부가 이성에 따라 자유롭게 진리를 탐구함으로써 법학부 등 상위 학부가 관심을 가지는 유용한 진리가 밝혀질 수 있다는 것을 주장한 바 있으며(7:35), 『교육학 강의』에서는 어린아이를 이성의 이념에 따라 교육하는 일의 중요성을 강조한다. 이러한 점에 비추어 필자가 이해하기에, 칸트의 로고스 중심주의는 우리의 삶이 포함하는 다양한 물리적 · 사회적 상호 작용의 중요성을 간과하지 않는 방식으로 해석될 수 있고, 해석되어야 한다.

결어

지금까지의 논의를 요약하면 다음과 같다. 칸트는 인격을 이성적 사유와 도덕적 행위의 가능성을 뒷받침하는 표상으로 제시할 뿐, 인격 표상을 적용할 수 있는 실제 존재자의 범위에 대한 객관적 지식을 주장하지 않는다. 칸트는 인격에 대한 객관적 지식이 성립될 수 있다는 것을 부정하므로, 인격에 대한 칸트의 관점은 인격적 존재자를 인간종의 범위 안으로 국한하는 인간 중심주의와는 거리가 멀며, 이성적 사유와 도덕적 행위를 수행할 수 있을 것으로 상상되는 강인공지능의 출현 가능성을 부정할 논거로 활용하기 어렵다. 인격에 대한 칸트의 관점에 의거할 때, 이성적 사유와 도덕적 행위를 수행할 수 있을 것으로 상상되는 강인공지능이 출현한다면 해당 AI에 인격체의 지위를 부여하는 것이 가능할 것이다.

인간 중심주의적 편견으로부터 벗어나 있으며, 도덕적 · 법적 책임을 귀속할 수 있는 인격체에 대한 일관된 설명을 칸트 사상에서 찾아볼 수 있으나, 인격에 대한 칸트의 관점은 또한 AI 인격체가 반드시 출현할 것이라는 확언도 될 수 없다는 점에 유의할 필요가 있다. 칸트는 인격에 대한 객관적 지식이 성립될 수 있다는 것을 부정하므로, 인격에 대한 칸트의 관점에 따르면 인격적 주체로서 인간과 상호 작용할 수 있는 강인공지능의 출현 가능성은 하나의 형이상학적 가설로 남아 있다고 보는 것이 적절할 것이다. 또한 앞서 논의한 것처럼, 자신의 행위에 대해 도덕적 · 법적 주체로서 책임질 수 없는 약인공지능에 인격의 지위를 부여하려는 시도는 인간을 중대한 위험에 처하게 할 수 있을 뿐 아니라, 인공지능을 설계하거나 사용하는 인간에게 마땅히 귀속되어야 할 도덕적 · 법적 책임을 기계에 전가하는 계기가 될 수 있다는 점에서 바람직하지 않다. 인공지능의 기술이 고도화될수록, 인간이 인격적 주체로서 짊어져야 하는 도덕적 · 법적 책임 역시 증대하는 것으로 이해하는 것이 바람직할 것이다.

참고문헌

Coeckelbergh, M.(2010). Robot rights? Towards a social-relational justification of moral consideration. *Ethics and Information Technology, 12*, pp.209-221.

Coeckelbergh, M.(2021). Should we treat Teddy Bear 2.0 as a Kantian Dog? Four arguments for the indirect moral standing of personal social robots, with implications for thinking about animals and humans. *Minds & Machines, 31*, pp.337–360.

Frankfurt, H. G.(1971). Freedom of the will and the concept of a person. *The Journal of Philosophy, 68*(1), pp.5–20.

Kant, I.(1797). *Die Metaphysik der Sitten.* In *Kant's gesammelte Schriften.* hrsg. Königlich Preu ß ischen Akademie der Wissenschaften, Berlin und Leibzig, 1902~, Band 6. 이충진 · 김수배 옮김(2018). 『도덕형이상학』. 한길사.

Kant, I.(1803). Vorlesung über pädagogik. In *Kant's gesammelte schriften.* hrsg. Königlich Preu ß ischen Akademie der Wissenschaften, Berlin und Leibzig, 1902~, Band 9. 조관성 옮김(2007). 『칸트의 교육학 강의: 교사와 부모를 위한 칸트의 교육론』. 철학과현실사.

Wallach, W. & Allen, C.(2010). *Moral machine: Teaching robots right from wrong.* New York, NY: Oxford University Press. 노태복 옮김(2014). 『왜 로봇의 도덕인가』. 메디치.

Wood, A. W. & O'Neill, O.(1998). Kant on duties regarding nonrational nature. *Proceedings of the Aristotelian Society*, supplementary volumes 72, pp.189–228.

박경남

단국대학교 교양기초교육연구소 연구교수 및 카이스트 디지털 인문사회과학부 겸직교수. 서강대학교 철학과에서 학사 및 석사 학위를 받았으며, 미국 로욜라 유니버시티 시카고(Loyola University Chicago)에서 칸트의 물질 개념에 대한 연구로 박사 학위를 받았다. 경북대학교 철학과 BK21 계약교수로 재직했으며, 현재 단국대, 카이스트, 서강대에서 강의하고 있다. 그 밖에 로욜라 유니버시티 시카고, 가톨릭대학교, 성신여자대학교, 경북대학교에서 강의했다. 주요 논문으로 "칸트의 사회 계약 이론을 통해서 본 근원적 계약의 이념성"(2024), "인격에 대한 칸트의 관점과 인공지능"(2023), "윤리 역사에 대한 칸트의 예언: 『학부들의 다툼』 제2절을 중심으로"(2023) 등이 있다.